Zukunftsorientiertes Personalmanagement in der ambulanten (Alten-)Pflege

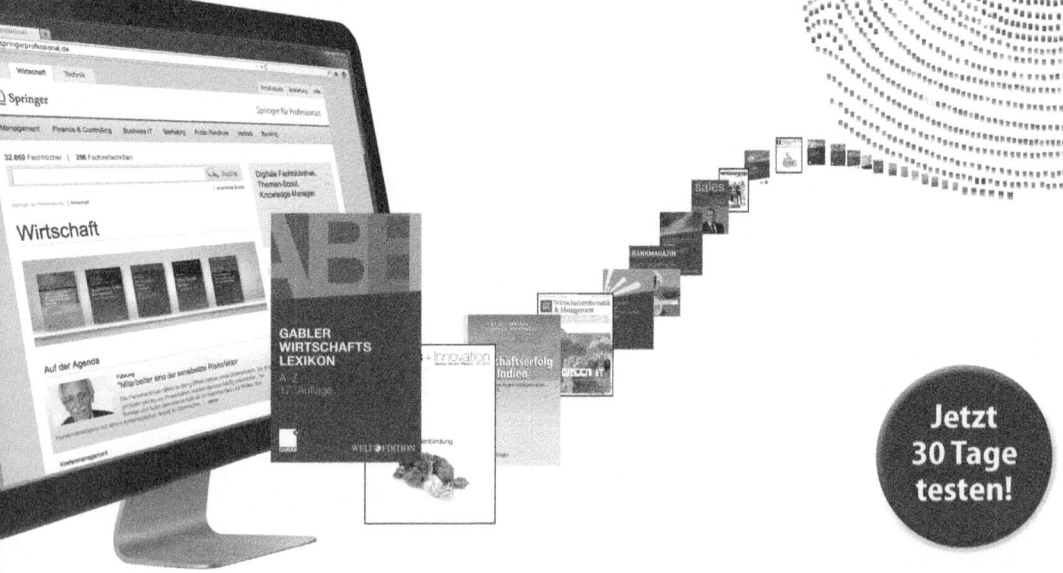

Heike Ulatowski

Zukunftsorientiertes Personalmanagement in der ambulanten (Alten-)Pflege

Projektmanagement – Retention
Management – Mitarbeiterorientierung

 Springer Gabler

Heike Ulatowski
Hamburg, Deutschland

ISBN 978-3-658-01275-5   ISBN 978-3-658-01276-2 (eBook)
DOI 10.1007/978-3-658-01276-2

Die Deutsche Nationalbibliothek verzeichnet diese Publikation in der Deutschen Nationalbibliografie; detaillierte bibliografische Daten sind im Internet über http://dnb.d-nb.de abrufbar.

Springer Gabler
© Springer Fachmedien Wiesbaden 2013

Lektorat: Stefanie Brich, Margit Schlomski

Gedruckt auf säurefreiem und chlorfrei gebleichtem Papier.

Springer Gabler ist eine Marke von Springer DE. Springer DE ist Teil der Fachverlagsgruppe Springer Science+Business Media
www.springer-gabler.de

Vorwort

In pflege- und gesundheitswissenschaftlichen Fachkreisen wie auch in der interessierten politischen Öffentlichkeit wird mittlerweile intensiv diskutiert, ob bzw. wie die Pflege und Betreuung alter und kranker Menschen auch in Zukunft in angemessenem Umfang zu leisten sein werden. Die Pflegebranche, die ein jährliches Marktvolumen von etwa 25–30 Mrd. Euro für die stationäre und ambulante Pflege umfasst, klagt seit Jahren über Personalmangel (vgl. Deutscher Gewerkschaftsbund, 2011, S. 1, dgb aktuell 01/2011. http://www.dgb.de/themen/++co++a97af29e-1cab-11e0-50c0-00188b4dc422. Zugegriffen: 10.11.2011). Pflegenotstand und Fachkräftemangel sind schon heute vielerorts zu beklagen und es ist davon auszugehen, dass sich diese Entwicklung zukünftig weiter zuspitzen wird. Die Ursachen hierfür sind vielfältig: Sie reichen etwa von dem (zu erwartenden) demografischen Wandel, der eine Zunahme alter und potenziell pflegebedürftiger Menschen bei gleichzeitiger Abnahme der Erwerbsbevölkerung und somit auch der Pflegefachkräfte mit sich bringt, über eine veränderte Morbiditätsstruktur mit einem Anstieg an chronisch kranken und multimorbiden Patienten mit zum Teil erheblichem Pflegebedarf, bis hin zu der geringen Attraktivität des Pflegeberufs und der hohen physischen und psychischen Belastung professionell Pflegender mit entsprechender Häufung vorzeitiger Berufsausstiege.

Dieses Buch richtet sich vornehmlich an Pflegekräfte in leitenden Positionen, an Pflegemanagerinnen und an Leiterinnen ambulanter Pflegedienste. Es beschäftigt sich mit den Herausforderungen und den Handlungsfeldern des Personalmanagements in der ambulanten Alten- und Krankenpflege und zeigt mögliche personalpolitische Gestaltungsansätze auf. Gerade im Hinblick auf die oben skizzierten Veränderungen und Entwicklungen ist eine verstärkte Hinwendung zu einem mitarbeiterorientierten und zukunftsfähigen Personalmanagement von beträchtlicher Bedeutung. Dies zum einen in gesellschaftlicher Hinsicht, um auch weiterhin die Pflege als gesamtgesellschaftliche Aufgabe wahrnehmen zu können. Zum anderen in betriebswirtschaftlicher Hinsicht, da nicht zuletzt von der Bereitstellung des erforderlichen Personalbestands der betriebswirtschaftliche Erfolg oder gar die Existenz der jeweiligen Einrichtung abhängt.

> ▸ Die hier zugrunde liegende Fragestellung lautet: Wie können Sie als Führungskraft in der ambulanten Pflege die Personalpolitik so gestalten, dass Ihr Pflegedienst als Arbeitergeber aus Arbeitnehmersicht an Attraktivität gewinnt und

Sie somit durch Bindung vorhandenen Personals, im Sinne eines „Retention Ma-
nagement", und Anwerbung potenziellen Personals, im Sinne eines „Employer
Brandings", auch zukünftig über einen angemessenen Bestand an qualifizierten
Pflegekräften verfügen können?

Zum Aufbau des Buches: Zunächst werden Ihnen die sozio-ökonomischen Herausforderungen für das Personalmanagement ambulanter Einrichtungen aufgezeigt und zu-
kunftsrelevante personalwirtschaftliche Aufgabenbereiche und Gestaltungsmöglichkeiten
vorgestellt und kurz erörtert. Im Anschluss daran werden Ihnen die Handlungsbedarfe für das Personalmanagement vorgestellt, die sich aus den sozioökonomischen und
politischen Veränderungen für Sie als Pflegemanagerinnen bzw. Führungskraft im ambulanten Sektor ergeben. Von besonderem Interesse sind in diesem Kontext auch die
Personalentwicklungs-Instrumente, damit Sie in Zeiten knapper werdender personeller
Ressourcen neues Personal rekrutieren sowie die vorhandenen Beschäftigten im Betrieb
halten und gegebenenfalls entsprechend (weiter)qualifizieren können. Zudem sind in diesem Kontext innerbetriebliche Gesundheitsförderung und Gesundheitsprävention ebenso
von erheblicher Relevanz wie die Implementierung eines mitarbeiterorientierten Führungsstils und einer mitarbeiterorientierten Arbeitsorganisation.

Aus den jeweiligen Handlungsbedarfen lassen sich für Sie als Pflegedienst- und/oder
Geschäftsleitung bestimmte Handlungsfelder ableiten. Hierzu zählen die Bereiche *Füh-
rung und Unternehmenskultur, Personalgewinnung und Personalbindung, Kompetenz und
Entwicklung, Gesundheitsförderung sowie (alternsgerechte) Arbeitsorganisation und Arbeitsgestaltung.* Gestaltungsansätze zu den genannten Bereichen werden Ihnen in Form von
Modellprojekten präsentiert, welche jedoch nicht als universell einsetzbare Schablonen ge-
dacht sind, die jedem Pflegedienst gleichsam unbesehen „übergestülpt" werden können.
Vielmehr sind die verschiedenen Modellprojekte als Anregung oder Vorlagen zu verstehen,
an denen Sie sich bei der Umsetzung Ihrer eigenen Projektvorhaben orientieren können
und die Sie den eigenen Anforderungen Ihres Pflegedienstes und den Bedürfnissen Ihrer
Mitarbeiterinnen anpassen und entsprechend ergänzen und verändern können.

▸   Dieses Buch verfolgt somit vornehmlich das Ziel, Sie als Führungskraft in der
     ambulanten Pflege für die zukünftigen sozio-ökonomischen Herausforderun-
     gen des Personalmanagements zu sensibilisieren und Ihnen Gestaltungs- und
     Lösungsansätze zu deren Bewältigung anzubieten.

Sie finden jeweils am Ende der Kap. 4 bis 7 Fragebogen- und Mustervorlagen zu den
einzelnen Modellprojekten. Diese können Sie auch im Internet auf der Verlags-Website des
Buches im PDF-Format herunterladen. Sofern Sie die Vorlagen nicht nur nutzen, sondern
auch den eigenen Wünschen bzw. den Bedürfnissen Ihres Pflegedienstes entsprechend verändern möchten, sind sie auch als Word-Datei erhältlich unter: ulatowskiheike@yahoo.de.

Aus Gründen der besseren Lesbarkeit wird hier im Buch lediglich die weibliche Form verwendet, es sind jedoch grundsätzlich immer beide Geschlechter gemeint.

Hamburg, im März   Heike Ulatowski

Inhaltsverzeichnis

Die Autorin

Heike Ulatowski, Jahrgang 1964, hat zunächst Sozialwissenschaften an der Universität Hamburg studiert und neben dem Studium als Pflegehelferin in der ambulanten Pflege gearbeitet, dann aus Liebe zum Beruf eine Ausbildung zur examinierten Altenpflegerin absolviert. Neben der Tätigkeit in der Altenpflege hat sie ein englischsprachiges Fernstudium in Sozialökonomie an der Cervantes Business School Madrid abgeschlossen und war nebenberuflich als Übersetzerin in Englisch und als freie Journalistin tätig. Nach langjähriger Tätigkeit in der ambulanten Pflege ist sie schließlich in die stationäre psychosomatische Pflege gewechselt und hat neben ihrer Tätigkeit dort eine Ausbildung zur Psychotherapeutin (HPG) sowie ein berufsbegleitendes Pflegemanagement-Studium absolviert.

In der psychosomatischen Pflege ist Heike Ulatowski nach wie vor in Teilzeit beschäftigt, zudem ist sie freiberuflich als Lehrbeauftragte im Fachbereich Gesundheitsmanagement an der Steinbeis Fachhochschule sowie als Pflegesachverständige tätig. Sie hat als Autorin verschiedene gesundheits- und pflegewissenschaftliche Aufsätze veröffentlicht und als Journalistin vornehmlich über gesundheitspolitische Themen geschrieben, unter anderem für das Deutsche Ärzteblatt. Darüber hinaus hat sie mehrere Jahre ehrenamtlich als rechtliche Betreuerin gearbeitet.

Problemstellungen und Handlungsbedarfe

1

In diesem Kapitel werden die Herausforderungen erläutert, die zukünftig auf Sie als Pflege- und/oder Personalmanagerin ambulanter Pflegeeinrichtungen zukommen werden; wobei einige Aspekte in Ansätzen schon gegenwärtig mehr oder weniger deutlich zutage treten. Es handelt sich im Wesentlichen um **sozio-ökonomische Veränderungen**, die sich teilweise auch in anderen westeuropäischen Ländern beobachten lassen. Nachfolgend wird jedoch ausschließlich auf die Situation und die Entwicklung in Deutschland Bezug genommen. Aus diesen Herausforderungen ergeben sich sodann die konkreten Handlungsbedarfe für Führungskräfte in der ambulanten Pflege.

1.1 Demografischer Wandel

▸ **Demografische Entwicklung** einer Bevölkerung lässt sich erfassen durch die Faktoren Geburtenentwicklung, Sterblichkeit und Wanderung. Anhand dieser Parameter lässt sich der demografische Wandel einer Population in einem bestimmen Zeitraum erfassen oder für die Zukunft prognostizieren.

Die Bevölkerungszahlen in Deutschland gehen trotz Zuwanderung aus dem Ausland seit 2003 nahezu kontinuierlich zurück. Auch wenn für 2011 erstmals seit acht Jahren ein leichter Anstieg der Bevölkerung erwartet wird, vermutlich vor allem durch die erhöhte Zuwanderung ausländischer Arbeitnehmer nach Einführung der vollständigen Arbeitnehmerfreizügigkeit im Mai 2011, ist nicht von einer generellen Trendwende auszugehen (vgl. Pressemitteilung Statistisches Bundesamt Nr. 014 vom 13.01.2011). Im Gegenteil, nach Berechnungen der Statistischen Ämter des Bundes und der Länder wird der demografische Wandel im Jahre 2030 zu einer Bevölkerungsschrumpfung auf dann 77 Millionen Einwohner führen, was im Vergleich zu dem Jahr 2008 einen Rückgang von 5,7 % darstellt. Es sind jedoch nicht nur quantitative, sondern auch strukturelle Veränderungen zu erwarten. So wird es 2030 im Vergleich zum Jahr 2008 voraussichtlich 17 % weniger Kinder und Jugend-

H. Ulatowski, *Zukunftsorientiertes Personalmanagement in der ambulanten (Alten-)Pflege*,
DOI 10.1007/978-3-658-01276-2_1, © Springer Fachmedien Wiesbaden 2013

■ Bevölkerungsentwicklung und Altersstruktur

Bevölkerung in absoluten Zahlen, Anteile der Altersgruppen in Prozent, 1960 bis 2060*

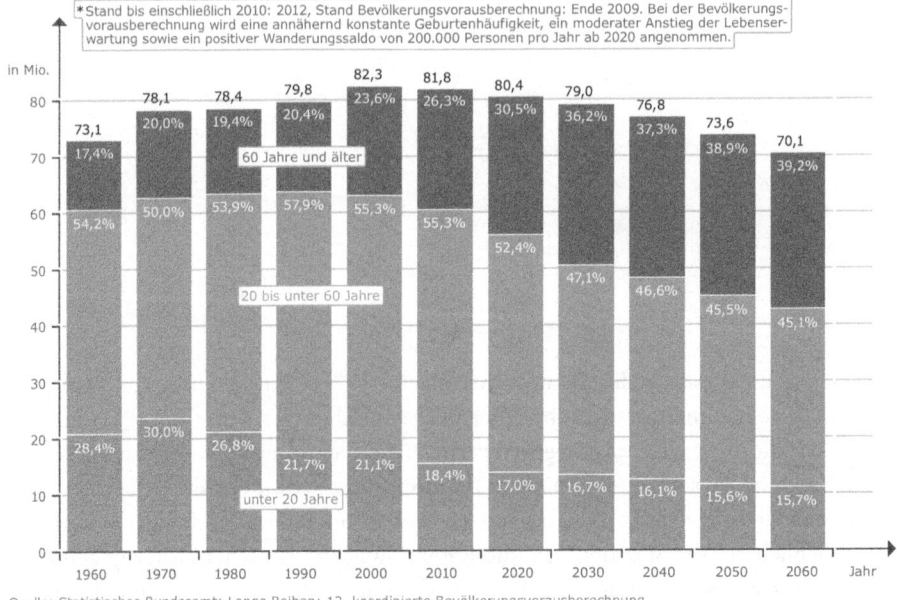

Quelle: Statistisches Bundesamt: Lange Reihen; 12. koordinierte Bevölkerungsvorausberechnung
Lizenz: Creative Commons by-nc-nd/3.0/de
Bundeszentrale für politische Bildung, 2012, www.bpb.de

Abb. 1.1 Bevölkerungsentwicklung in Deutschland (Quelle: Bundeszentrale für Politische Bildung: http://www.bpb.de/nachschlagen/zahlen-und-fakten/soziale-situation-in-deutschland/61541/altersstruktur, Stand 21. 02. 2013)

liche geben, während ein Anstieg der über 65-Jährigen um 33 % zu verzeichnen sein wird (vgl. Statistisches Bundesamt 2011, S. 8).

Wenn man die in Abb. 1.1 dargestellte Bevölkerungsentwicklung von 1960 bis 2060 betrachtet, so kann davon ausgegangen werden, dass sich die Anzahl junger Menschen unter 20 Jahren nahezu halbieren wird, während sich in dem gleichen Zeitraum die Zahl der über 60-Jährigen mehr als verdoppeln wird.

> ▸   Eine alternde Gesellschaft stellt für Sie als Führungskraft in der ambulanten Altenpflege eine doppelte Herausforderung dar: Einerseits wird es Ihnen zunehmend an qualifiziertem Nachwuchs fehlen, was zu einer alternden Belegschaft führt. Andererseits nimmt durch das Altern der Bevölkerung die Zahl der Pflegebedürftigen zu und somit auch die Anzahl potenzieller „Kunden" Ihres Pflegedienstes.

Die Zahl der Pflegebedürftigen ist bereits in den letzten Jahren angestiegen und es wird erwartet, dass sie von 2,1 Millionen im Jahre 2005 je nach Schätzung 2050 2,8 bis 4,7 Millionen erreichen wird. (vgl. Freiling 2011, S. 10).

1.2 Morbiditätsstruktur

▸ **Morbiditätsstruktur** Darunter versteht man Art und Anzahl der Erkrankung einer bestimmten Population. So lässt sich etwa unterscheiden zwischen Schweregraden, aber auch zwischen akutem oder chronischem Verlauf oder dem Auftreten einer oder mehrerer Krankheiten pro Erkranktem. Die Morbiditätsstruktur ermöglicht auch Rückschlüsse auf die erforderliche qualitative und quantitative Versorgungsstruktur.

Unabhängig von der quantitativen Entwicklung ist eine qualitative Veränderung der Morbiditätsstruktur zu erwarten. Der Anteil chronisch Kranker hat inzwischen im Verhältnis zu den akut Kranken deutlich zugenommen. Schon heute wird der pflegerische Alltag „in zunehmendem Maße durch hochaltrige, multimorbide (sprich mehr als zwei Diagnosen), chronisch kranke und demente Pflegefälle bestimmt. Damit steigt und differenziert sich der Pflegebedarf" (Gerisch et al. 2010, S. 10). Dies wiederum bedeutet eine Zunahme der Arbeitsbelastung wie auch der Anforderungen an das Pflegepersonal. Schließlich stößt die innerfamiliäre Pflege bei schwerer Pflegebedürftigkeit an ihre Grenzen, sodass gerade hier die Pflege oftmals von professionell Pflegenden geleistet wird.

Da mit steigendem Lebensalter auch die Wahrscheinlichkeit demenzieller Erkrankung zunimmt, werden in Zukunft immer mehr Menschen mit Demenz zu pflegen und zu betreuen sein. Dies erfordert nicht nur eine Modifizierung der Definition von Pflegebedürftigkeit, etwa durch das Pflege-Weiterentwicklungsgesetz aus dem Jahr 2008, sondern auch erhebliche fachliche Kompetenzen seitens der Pflegekräfte, da Demenzkranke zwar meist noch Tätigkeiten des täglichen Lebens verrichten können, dazu allerdings der permanenten Anleitung und Kontrolle bedürfen (vgl. Barmer/GEK 2011, S. 200 ff).

▸ Festzuhalten bleibt, dass sich die Morbiditätsstruktur in Zukunft weiter zugunsten von multimorbiden, chronisch kranken und demenzkranken Menschen verschieben wird (siehe Abb. 1.2). Bereits heutzutage ist zu beobachten, dass sich der Anteil chronischer Erkrankungen im Verhältnis zu den akuten Krankheiten deutlich erhöht hat. Erschwerend kommt hinzu, dass Multimorbidität im Alter zunimmt, Menschen mit fortschreitendem Alter also vermehrt an mindestens zwei chronischen Krankheiten leiden.

Dies bedeutet für Sie als Führungskraft in der ambulanten Pflege, dass Sie in zunehmendem Maße entsprechend qualifiziertes Fachpersonal vorhalten bzw. rekrutieren müssen, um den ansteigenden Mehrbedarf an gut ausgebildeten Pflegefachkräften decken zu können. Außerdem sind Sie gut beraten, vorhandenes Personal durch regelmäßige Fort- und

Anteil von Personen mit mehreren gleichzeitig vorliegenden Erkrankungen/
Beschwerden nach Geschlecht und Alter
Quelle: Fuchs et al. 2012
Datenbasis: GEDA 2009

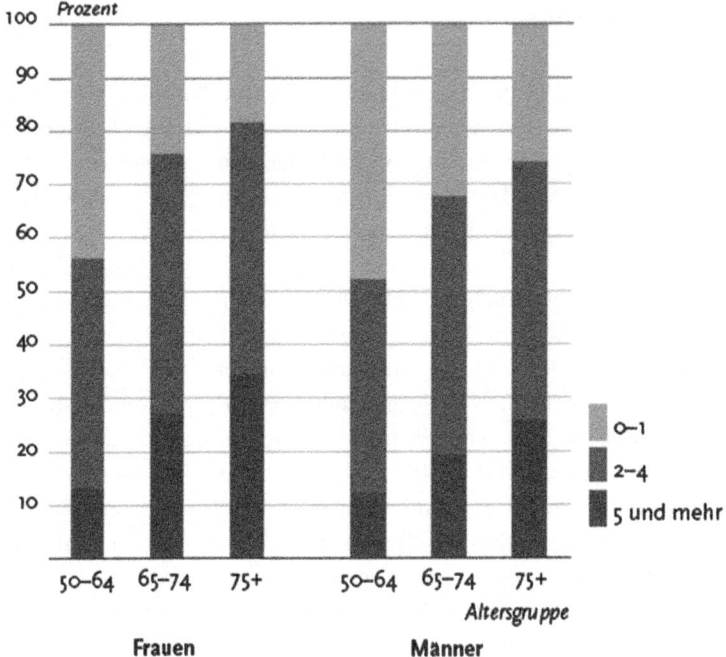

Abb. 1.2 Morbiditätsstruktur. http://www.gbe-bund.de/gbe10/abrechnung.prc_abr_test_logon?
p_aid=16877428&p_uid=gasts&p_sprache=D&p_knoten=FID&p_suchstring=15011#fid15014,
Stand: 07.12.12

Weiterbildung mit den erforderlichen Kompetenzen und Fähigkeiten sowie mit dem jeweils aktuellen Fachwissen auszustatten.

1.3 Fachkräftemangel

▸ **Fachkräftemangel** ist die zahlenmäßige Knappheit an Arbeitskräften mit den benötigten Fähigkeiten, um die zur Verfügung stehenden Stellen zu besetzen. Ein Fachkräftemangel kann verursacht werden durch Mangel an allgemeiner und beruflicher Ausbildung oder durch weitreichendere soziale und wirtschaftliche Faktoren wie neue technolo-
gische Entwicklungen (http://www.onpulson.de/lexikon/1454/fachkraeftemangel/, Stand:
13.11.2012).

Pflegesektor: Akuter Fachkräftemangel

So viel Prozent dieser Einrichtungen ...	... berichten von einem spürbaren Fachkräftemangel	... erwarten einen Fachkräftemangel
Krankenhäuser	78,9	11,4
Sozialstationen	76,8	17,6
Stationäre Altenpflege	63,6	23,7
Stationäre Jugendhilfe	52,8	30,1
Kurzzeitpflege	50,0	29,2
Ambulante Jugendhilfe	49,2	31,1
Familienpflegestationen	36,0	12,0
Stationäre Behindertenhilfe	35,0	37,1
Betreutes Wohnen für behinderte Menschen	34,4	31,1
Erziehungsberatungsstellen	33,3	35,6
Insgesamt	51,2	23,8

Befragung von 949 Einrichtungen des Pflegesektors zwischen November 2010 und Januar 2011
Quelle: Caritas

Institut der deutschen Wirtschaft Köln

Abb. 1.3 Fachkräftemangel in der Pflege (Quelle: http://www.der-pflegeblogger.de/gesundheitswesen/fachkraeftemangel-pflege-aerzte, Stand: 09.12.2012)

Bereits zum gegenwärtigen Zeitpunkt übersteigt die Nachfrage nach qualifiziertem Pflegepersonal in vielen Regionen Deutschlands das bestehende Angebot. Für den Bereich der Altenpflege ist festzustellen, dass es im Jahr 2009 bereits 60 % mehr offene Stellen gab als im Jahr 2007 (vgl. Gerisch und Ostendorf 2010, S. 24). Eingedenk der Bevölkerungsentwicklung ist davon auszugehen, dass sich diese Entwicklung weiter verschärfen wird. Berechnungen des Statistischen Bundesamtes zufolge ist ab dem Jahr 2018 mit einem Arbeitskräftemangel bei den Pflegeberufen zu rechnen, der ab 2025 einen Umfang von 255 000 bis 265 000 fehlenden Beschäftigten erreichen dürfte (vgl. Statistisches Bundesamt 2010, S. 994).

Anhand von Abb. 1.3 wird deutlich, dass sowohl im Bereich der Krankenhauspflege und der stationären Altenpflege als auch in der ambulanten Alten- und Krankenpflege schon heute von einem erheblichen Mangel an Pflegefachkräften auszugehen ist. Findige Pflegemanagerinnen hatten zunächst gehofft, diese Lücke durch die Anwerbung ausländischer Pflegekräfte schließen zu können. Doch der erhoffte Zustrom osteuropäischer Fachkräfte nach Umsetzung der EU-weiten Arbeitnehmerfreizügigkeit für den deutschen Arbeitsmarkt im Mai 2011 ist weitgehend ausgeblieben. Dies liegt zum einen an der von der damaligen Bundesregierung erwirkten „Schonfrist", die dereinst zum Schutze deutscher Arbeitnehmerinnen und Arbeitnehmer die Freizügigkeit erst nach sieben Jahren in Kraft treten ließ, mit dem Ergebnis, dass viele qualifizierte mobilitätswillige Arbeitskräfte aus Osteuropa bereits in andere EU-Länder abgewandert sind und sich dort dauerhaft niedergelassen haben. Zum anderen sind gerade Pflegekräfte auch im Osten Europas knapp und entsprechend am dortigen Arbeitsmarkt gefragt und schließlich sind die bürokratischen Hürden etwa hinsichtlich der Anerkennung von Examina und Abschlüssen in Deutschland nach wie vor sehr hoch, während gleichzeitig die Arbeitsbedingungen für Pflegekräfte hierzulande im internationalen Vergleich nicht gerade übermäßig attraktiv sind (vgl. Daneke 2011, S. 800–802 und El-Nawab 2011, S. 20–23).

▸   Das bedeutet, dass Sie die zu erwartenden personellen Engpässe in Ihrem Pflegedienst voraussichtlich nicht, zumindest aber keineswegs vollständig, durch das Anwerben ausländischer Pflegekräfte kompensieren werden können. Sie müssen sich somit zunächst einmal darauf einstellen, dass das Pflegedefizit, also die Kluft zwischen Pflegepotenzial und Pflegebedürftigkeit in unserer Gesellschaft, in den nächsten Jahren erheblich zunehmen wird (weitere Informationen dazu finden Sie in dem Beitrag von Prof. Goer unter: http://www. pflegefachtagung-bremen.de/tl_files/pflegefachtagung/Praesentationen). Der Mangel an Fachpersonal wird vermutlich auch vor Ihrem Pflegedienst nicht halt machen.

1.4   Altersstruktur der Beschäftigten

▸   **Altersstruktur der Beschäftigten** Sie zeigt, in welchem Lebensalter sich die Mitarbeiterinnen eines Betriebes, einer Branche und/oder einer bestimmten Region befinden. Sie lässt Rückschlüsse auf die Belastbarkeit einer Belegschaft und mögliche hilfreiche arbeitsorganisatorische Veränderungen zu.

Der Anteil der über 50-jährigen Pflegekräfte ist in der Altenpflege mit 23,0 % im stationären und 16,2 % im ambulanten Bereich signifikant höher als in der Krankenhauspflege mit 9,8 % (vgl. BGW 2007, S. 24). Da sich in Zukunft die Altersstruktur der Pflegenden weiter zugunsten älterer Arbeitnehmerinnen und Arbeitnehmer verschieben wird, wie aus Abb. 1.4 ersichtlich, ist vor allem hinsichtlich der Arbeitsorganisation, der Gesundheitsförderung und der Personalentwicklung ein möglichst zeitnahes Umdenken geboten, damit nicht in hohem Maße wertvolles Personal durch vorzeitige Berufsaufgabe und/oder Verlust der Arbeitsfähigkeit verloren geht. Dies gilt in insbesondere für die Altenpflege: „Die Altenpflegebranche wird unweigerlich auf ihre älteren, erfahrenen, gesundheitlich aber oft bereits selbst belasteten Kräfte angewiesen sein. Sie muss die Arbeitsbedingungen also in einer Weise gestalten, dass diese so lange wie möglich im Beruf bleiben können" (ders. 2007, S. 12).

Das Personalmanagement ist hier also insofern gefordert, als dass geeignete Maßnahmen erarbeitet und umgesetzt werden müssen, um altersgerechte Arbeitsplätze für die Bedürfnisse einer alternden Belegschaft anbieten zu können. Dazu zählt auch die Vermittlung zwischen Jung und Alt, etwa im Sinne eines Erfahrungs- und Wissenstransfers zwischen den Kolleginnen und Kollegen verschiedener Generationen.

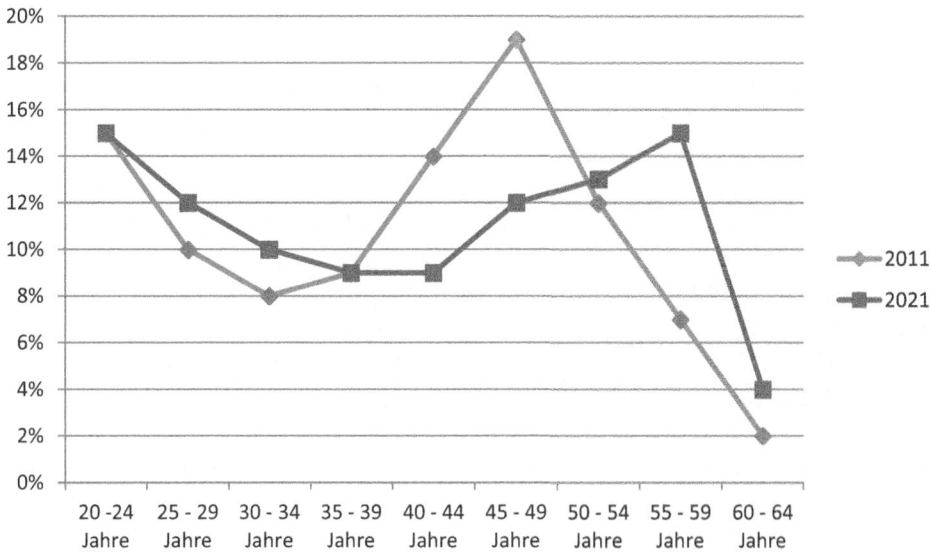

Abb. 1.4 Altersstruktur von Pflegekräften in Deutschland 2011 und 2021 (Prognose) (Quelle: eigene Darstellung, Datenmaterial: http://www.ndz-pflege.de/html/img/pool/Prof_Dr_Sachs-Arbeitssituation_Pflege.pdf, Stand 20.1.2012)

1.5   Fazit für die ambulante Pflege

Als Führungskraft in der ambulanten Pflege müssen Sie sich verstärkt auf demografische, soziale, sozio-ökonomische, technische und wissenschaftliche Veränderungen einstellen. Es wird für Sie zukünftig immer schwieriger werden, die zunehmende Kluft zwischen steigendem Pflegebedarf und sinkendem Angebot an Pflegefachkräften zu überwinden. Während aufgrund der demografischen Entwicklung eine generelle Abnahme an Erwerbspersonen bei gleichzeitigem Anstieg an alten und somit potenziell eher pflegebedürftigen Menschen zu erwarten ist, wird sich darüber hinaus – bedingt durch die geringe Attraktivität des Pflegeberufs und durch eine hohe Quote an vorzeitigen Berufsausstiegen – dieses allgemein knappe Arbeitskräfteangebot in der Pflegewirtschaft zusätzlich verschärfen.

Letzteres ist in der Altenpflege deutlich relevanter als in der Krankenpflege, da der Beruf der Altenpflegerin bzw. des Altenpflegers als wesentlich unattraktiver angesehen wird als eine Tätigkeit in der Krankenhauspflege. Die Verweildauer im Beruf ist etwa bei Altenpflegepersonal, welches zu 50 % ihren Beruf 3,5 Jahre nach Anfang der Erstbeschäftigung aufgibt, deutlich geringer als bei Krankenpflegekräften, die bei fast 14 Jahren liegt (vgl. Freiling et al. 2010, S. 40). „Gelänge es uns in der Altenpflege/Altenhilfe durch entsprechende Maßnahmen die Verweildauer im Beruf zumindest an die Krankenpflege anzugleichen, würde sich die Problematik des Pflegenotstands spürbar reduzieren" (vgl. Heusel 2011, S. 120).

Außerdem werden Sie es gerade in der ambulanten Altenpflege zukünftig nicht nur mit einem quantitativen Anstieg an Pflegefällen zu tun haben, sondern auch mit einer Zunahme an pflegerisch anspruchsvollen Aufgaben und Multimorbidität. Um diesen Klienten gerecht werden zu können, müssen Sie vermehrt gut ausgebildete Pflegefachkräfte einsetzen, da eine qualitativ hochwertige Pflege nicht mit un- oder angelerntem Personal geleistet werden kann.

Für Ihre Mitarbeiterinnen in der ambulanten Pflege lässt sich ein mehrdimensionaler Zeitdruck feststellen. „Zu einer allgemein hohen Arbeitsmenge kommen zusätzlich zeitliche Vorgaben und Vorstellungen der Patienten und deren Angehörigen" (vgl.: Kromark und Ostendorf 2011, S. 30). Dementsprechend stehen Sie vor der Aufgabe, für eine möglichst ausgewogene Work-Life-Balance der Mitarbeiterinnen Sorge zu tragen, um so übermäßiger Beanspruchung und Überlastung rechtzeitig entgegen wirken zu können. Sollten sie diesen Aspekt vernachlässigen, kann dies zu einem steigenden Krankenstand Ihres Pflegepersonals wie auch zu einer hohen Fluktuationsrate und zu vermehrten vorzeitigen Berufsausstiegen führen. Hieraus ergeben sich für Sie als Führungskraft im Personalmanagement in der ambulanten Alten- und Krankenpflege spezielle Handlungsbedarfe bzw. Handlungsfelder, die im nächsten Kapitel dargestellt und erörtert werden.

Literatur

Barmer & GEK. (2011). Pflegereport 2011. https://presse.barmer-gek.de/barmer/web/Portale/ Presseportal/Subportal/Infothek/Studien-und-Reports/Pflegereport/Pflegereport-2011/ Content-Pflegereprot-2011.html. Zugegriffen: 12.12.2012.

Berufsgenossenschaft für Gesundheitsdienst und Wohlfahrtspflege (BGW) (Hrsg.). (2007). bgw-themen: Sieht die Pflege bald alt aus? BGW-Pflegereport 2007. www.bgw-online.de/internet/ generator/Navi-bgw-online/NavigationLinks/Kampagnen/Aufbruch-Pflege/Report-2007/navi. html. Zugegriffen: 26. Mai 2011.

Bundeszentrale für Politische Bildung. (2013). Soziale Situation in Deutschland. http://www.bpb.de/ nachschlagen/zahlen-und-fakten/soziale-situation-in-deutschland/61541/altersstruktur. Zugegriffen: 21. Februar 2013.

Daneke, S. (2011). Fachkräftemangel. Migranten: Retter in der Not? *Die Schwester/Der Pfleger, 08*, 800–802.

Der Pflegeblogger. (2012). Fachkräftemangel. http://www.der-pflegeblogger.de/gesundheitswesen/ fachkraeftemangel-pflege-aerzte. Zugegriffen: 09. Dezember 2012.

El-Nawab, S. (2011). Alles neu macht der Mai? *Altenheim, 5*, 20–23.

Freiling, T., Geldermann, B., & Töpsch, K. (2010). *Handlungsfelder zur Gestaltung einer demografiefesten Personalpolitik in der Altenpflege*. Bielefeld: Verlag W. Bertelsmann.

Gerisch, S., & Ostendorf, P. (2010). Nachhaltige Personalpolitik: Mitarbeiterkompetenzen ermitteln und fördern. *Häusliche Pflege, 9*, 20–25.

Gerisch, S., Knapp, K., & Töpsch, K. (2009). *Demografiefeste Personalpolitik in der Altenpflege. Handlungsbedarf erfassen*. Bielefeld: Verlag W. Bertelsmann.

Gesundheitsberichterstattung des Bundes. (2010). Anteil von Personen mit mehreren gleichzeitig vorliegenden Erkrankungen/Beschwerden nach Geschlecht.http://www.gbe-bund.de/gbe10/ abrechnung.prc_abr_test_logon?p_aid=16877428&p_uid=gasts&p_sprache=D& amp;p_knoten=FID&p_suchstring=15011#fid15014. Zugegriffen: 07. Dezember 2012.

Loebe, H., & Severing, E. (2011). (Hrsg.) *Zukunftsfähig im demografischen Wandel. Herausforderungen an die Pflegewirtschaft.* Bielefeld: Verlag W. Bertelsmann.

Sachs, I. Prof. Dr. (2009). Arbeitsbedingungen gestalten. Arbeitssituation in der Pflege: Ressourcen und Belastungen. http://www.ndz-pflege.de/html/img/pool/Prof_Dr_Sachs-Arbeitssituation_ Pflege.pdf. Zugegriffen: 20. Januar 2012.

Statistisches Bundesamt (2011). Pressemitteilung Nr. 014 vom 13.01.2011.

Statistisches Bundesamt. (2010). (Hrsg.) *Wirtschaft und Statistik. Auszug: Projektionen des Personalbedarfs und -angebots in Pflegeberufen bis 2025.* Paderborn: Bonifatius Verlag.

Statistisches Bundesamt (Hrsg.). (2011). *Demografischer Wandel in Deutschland. Heft 1: Bevölkerungs- und Haushaltsentwicklung im Bund und in den Ländern.* Paderborn: Bonifatius Verlag.

Handlungsfelder des Personalmanagements 2

▸ **Personalmanagement** ist gleichzusetzen mit dem englischen Begriff „Human Resources Management (HRM)" und befasst sich mit dem Faktor Arbeit bzw. Personal im Gesundheitsbetrieb. (...) Das Personalmanagement eines Gesundheitsbetriebs lässt sich (...) definieren als Erhaltung und Entwicklung der menschlichen Leistungspotenziale eines Gesundheitsbetriebes (Frodl 2011, S. 24).

2.1 Kompetenz und Entwicklung/Personalentwicklung

Für Sie als Führungskraft in der ambulanten Pflege ergeben sich vor dem Hintergrund einer sich verändernden Altersstruktur der Beschäftigten folgende Aufgabenbereiche:

- Sicherstellung der Leistungsfähigkeit des Betriebs mit alternder Belegschaft
- Erkennen und Fördern vorhandener Mitarbeiterkompetenzen
- Einbindung älterer Pflegekräfte in den Weiterbildungsprozess
- Bewahrung, Sicherung und Einbindung des Erfahrungswissens der Älteren
  (vgl. Gerisch et al. 2009, S. 47).

Die sich daraus ergebenden Handlungsfelder sind in Abb. 2.1 dargestellt.

Durch eine **kontinuierliche Qualifizierung Ihrer Mitarbeiterinnen** gewährleisten Sie zum einen die Einhaltung aktueller Qualitätsstandards und zum anderen erreichen Sie eine Flexibilisierung des Personaleinsatzes, durch die Sie personelle Engpässe überbrücken können bzw. durch eine vorbeugende Bedarfsdeckung gar nicht erst entstehen lassen. Qualifizierungsmaßnahmen sind jedoch nur dann sinnvoll, wenn sie im Rahmen eines planmäßigen innerbetrieblichen Fort- und Weiterbildungskonzepts erfolgen, welches „insbesondere Ausbildung, Fortbildung, Umschulung oder Veranstaltungen zur Entwicklung von Nachwuchsführungskräften" umfasst (Kelm 2003, S. 97). In diesem Zusammenhang sollten Sie

H. Ulatowski, *Zukunftsorientiertes Personalmanagement in der ambulanten (Alten-)Pflege*, DOI 10.1007/978-3-658-01276-2_2, © Springer Fachmedien Wiesbaden 2013

Abb. 2.1 Handlungsfelder
eines demografiefesten Personalmanagements (Quelle:
eigene Darstellung, Datenmaterial: Freiling et al. 2010, S. 34)

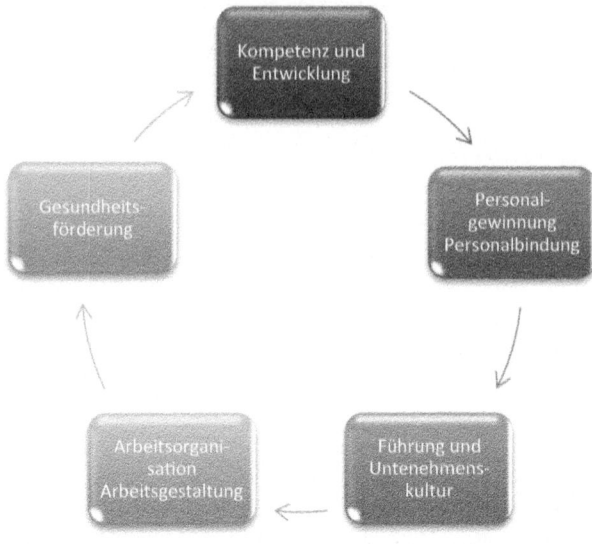

gerade auch die Weiterbildungsbedarfe und -wünsche sowie die Aufstiegsmöglichkeiten
älterer Pflegekräfte berücksichtigen.

Ein effektives **Weiter- und Fortbildungskonzept** setzt jedoch voraus, dass Sie detaillierte Kenntnisse über die vorhandenen Fähigkeiten und Kompetenzen Ihrer Mitarbeiterinnen
besitzen. Notwendig ist daher die „Identifizierung vorhandener Kompetenzen, Klärung der
Voraussetzungen und Bedingungen lebenslangen Lernens im Unternehmen, des Lernens
am Arbeitsplatz und der Gestaltung und Nutzung adäquater Lernarrangements" (Freiling
et al. 2010, S. 34). Nehmen Sie also eine „Kompetenzinventur" vor! Im Rahmen eines professionellen betrieblichen Wissensmanagements können Sie sowohl Wissen und Kompetenzen der Belegschaft identifizieren als auch das Erfahrungswissen der älteren Pflegekräfte
sichern und in den vorhandenen innerbetrieblichen Wissensbestand integrieren.

Eingedenk zunehmender wissenschaftlich-technischer Veränderungen und den steigenden Qualitätsanforderungen im medizinisch-pflegerischen Bereich, gewinnt die Ressource „Wissen" ebenso wie die Einführung eines professionellen Wissensmanagements in
der Altenpflege immer mehr an Bedeutung (in Abb. 2.2 sind Motivierung und Anreizge-
staltung modellhaft dargestellt). Die Altenpflege gilt als eine sogenannte „wissensintensive
Dienstleistung", das heißt, es handelt sich um eine Tätigkeit, die mindestens zu 50 % aus
Wissensarbeit besteht (vgl. Scholz 2008, S. 72).

▶ Die Einbindung Ihrer älteren Beschäftigten ist unabdingbar, um auch diese vor
dem Hintergrund sozio-ökonomischer und wissenschaftlich-technischer Veränderungen auf den jeweils neuesten Stand zu bringen bzw. zu halten. In der ambulanten Pflege ist dies umso wichtiger, da die Pflegenden dort alleine vor Ort
sind und „in der häuslichen Umgebung des Patienten selbständig Probleme erkennen und rasch Entscheidungen über Maßnahmen treffen müssen. Unsicher-

Abb. 2.2 Wissensmanagement (Quelle: Mandl: Wissensmanagement lernen: http://www.wm2001. aifb.uni-karlsruhe.de/InvitedTalks/Mandl-WM-lernen.ppt, Stand: 12. 12. 2012)

heit führt dabei zu ineffektivem Vorgehen, zu Stress und zu Fehlern" (Freiling et al. 2010, S. 55).

2.2 Personalrekrutierung und Personalbindung

Der sich schon heute abzeichnende Fachkräftemangel, vornehmlich bedingt durch Nachwuchsmangel und hohe Fluktuation, wird sich vor allem in der Altenpflege zukünftig weiter zuspitzen. Von daher ist die Personalgewinnung ebenso wie die Bindung vorhandenen Personals an den jeweiligen Betrieb von herausragender Bedeutung. Gefragt sind also Ihre Fähigkeiten zur Mitarbeiterbindung bzw. zum „Retention Management".

▶ **Retention Management** lässt sich definieren als: „An effort by a business to maintain a working environment which supports current staff in remaining with the company. Many employee retention policies are aimed at addressing the various needs of employees to enhance their job satisfaction and reduce the substantial costs involved in hiring and training new staff." (http://www.businessdictionary.com/definition/employee-retention.html, Stand: 25. 11. 2012)

Darüber hinaus ist es besonders wichtig, dass Sie durch gezieltes Personalmarketing und die Entwicklung eines individuellen Unternehmensprofils bzw. einer Arbeitgebermarke Ihren Pflegedienst am lokalen Arbeitsmarkt positiv positionieren und nicht nur darauf hoffen, dass sich das derzeit negative Berufsbild durch berufspolitische Imagekampagnen der öffentlichen Hand schon revidieren lassen wird. Das Image Ihres Pflegedienstes sollte zudem nicht nur Kunden-, sondern auch Mitarbeiterorientierung aufzeigen (weiter dazu: Abb. 2.3). Für potenzielle Beschäftigte wird ein Betrieb als attraktiv angesehen, der neben selbstständigem Arbeiten Aufstiegschancen, Weiter- und Fortbildungsmöglichkeiten, eine leistungsbezogene Vergütung und eine herausfordernde und abwechslungsreiche Tätigkeit bieten kann. Weiterhin entscheidend sind Betriebsklima sowie Ansehen und Ruf der Firma oder Einrichtung (vgl. Freiling et al. 2010, S. 41). Die Entwicklung einer Arbeitgebermarke wird im betriebswirtschaftlichen Diskurs als „Employer Branding" bezeichnet.

▷ **Employer Branding** ist die identitätsbasierte, intern wie extern wirksame Entwicklung und Positionierung eines Unternehmens als glaubwürdiger und attraktiver Arbeitgeber. Kern des Employer Brandings ist immer eine die Unternehmensmarke spezifizierende oder adaptierende Arbeitgebermarkenstrategie. Entwicklung, Umsetzung und Messung dieser Strategie zielen unmittelbar auf die nachhaltige Optimierung von Mitarbeitergewinnung, Mitarbeiterbindung, Leistungsbereitschaft und Unternehmenskultur sowie die Verbesserung des Unternehmensimages. Mittelbar steigert Employer Branding außerdem Geschäftsergebnis sowie Markenwert. (DEBA 2006, Fassung vom 14. April 2007, auf: http://www.employerbranding.org/employerbranding.php, Stand: 25. 11. 2012).

Versuchen Sie Personengruppen zu identifizieren und gezielt anzusprechen, die als Quereinsteiger für die Altenpflege infrage kommen könnten. Darunter fallen beispielsweise Menschen mit Migrationshintergrund, die entsprechend zu fördern und zu qualifizieren sind, aber auch Studienabbrecher in sozialen Berufen oder Frauen, die wieder in das Erwerbsleben zurückkehren möchten. Generell sind Maßnahmen zu erarbeiten und öffentlich zu machen, die eine bessere Vereinbarkeit von Familie und Beruf ermöglichen, um so auch diejenigen 25 bis 40-jährigen Frauen zu erreichen, die bislang dem Pflegemarkt aus familiären Gründen nicht zur Verfügung stehen. Durch ansprechende und moderne Internetauftritte, Sponsoring bei lokalen Sportveranstaltungen und Informationskampagnen an allgemeinbildenden Schulen können darüber hinaus Schulabgänger für den Altenpflegeberuf gewonnen werden, insbesondere dann, wenn das jeweilige Unternehmen geeignete Praktika und eigene Ausbildungsplätze anbietet (vgl.: Geldermann 2011, S. 64–65). Schließlich können Sie ältere Arbeitnehmerinnen, deren Berufsabschlüsse bereits länger zurückliegen, durch das Aufzeigen attraktiver Entwicklungsmöglichkeiten für Ihren Pflegedienst gewinnen.

Hintergrundinformationen
In arbeitsmarktpolitischer Hinsicht sind in den letzten Jahren auf der Makroebene einige träger- bzw. organisationsübergreifende Kampagnen und Projekte, meist in Kooperation mit der jeweiligen Agentur für Arbeit, initiiert worden. So zum Beispiel in Hamburg das Projekt „Bündnis für Altenpflege", in dem sich im Juni 2009 die Behörde für Soziales, Familie, Gesundheit und Verbraucherschutz (BSG), die Behörde für Schule und Berufsbildung (BSB), die Behörde für Wirtschaft und Arbeit (BWA), die Agentur für Arbeit Hamburg, team.arbeit.hamburg, und die Hamburgische Pflegegesellschaft

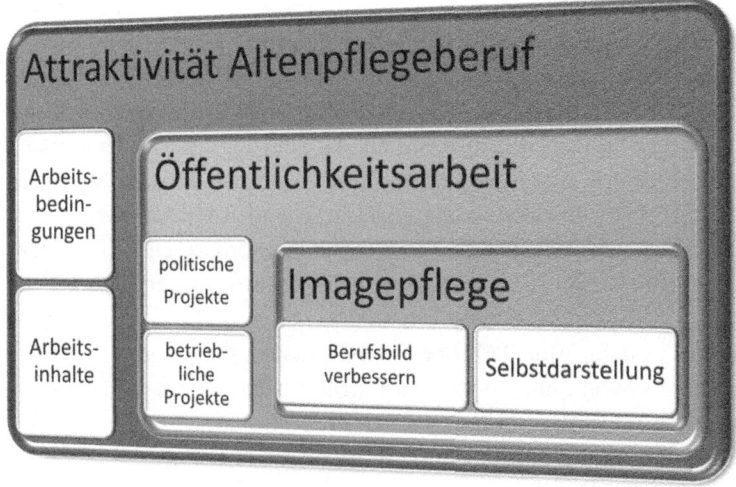

Abb. 2.3 Dimensionen der Attraktivitätssteigerung des Altenpflegeberufs (Quelle/Datenmaterial: Geldermann 2011, S. 71–73)

(HPG) zusammengeschlossen haben, um das Angebot an Fachkräften in der Altenpflege zu verbessern und zu erhöhen (weiter dazu: http://www.hamburg.de/contentblob/1556866/data/2009-06-22-bsg-buendnis-altenpflege-vereinbarung.pdf). In Baden-Württemberg ist seit 2010 der „Zugang zu den Pflegeberufen auch für Schulabbrecher und Langzeitarbeitslose geöffnet. Diese Öffnung wäre zu ergänzen durch eine Öffentlichkeitsarbeit, die gleichwohl hohe Anforderungen an Fachlichkeit und soziale Kompetenz des Personals kommuniziert, um nicht den Eindruck einer Absenkung des Qualitätsstandards entstehen zu lassen" (Geldermann 2011, S. 71).

Außerdem ist es wichtig, dass Sie ein **professionelles Konfliktmanagement** implementieren und dafür sorgen, dass in Ihrem Pflegedienst ein mitarbeiterorientiertes Arbeits- und Betriebsklima herrscht, in dem die Bedürfnisse der Pflegekräfte, etwa nach besserer Vereinbarung von Beruf und Familie, angemessene Berücksichtigung finden. Weiterhin wichtig für den Gewinn und die Bindung von Pflegepersonal sind die nachfolgend dargestellten Handlungsfelder: Führung und Unternehmenskultur, Arbeitsorganisation und -gestaltung sowie die betriebliche Gesundheitsförderung.

2.3 Führung und Unternehmenskultur

▸ **Führung** lässt sich einmal definieren als „zielorientierte Einflussnahme zur Erfüllung gemeinsamer Aufgaben in bzw. mit einer strukturierten Arbeitssituation" oder als „eine spezielle Art der Kommunikation, mit der Absicht, gemeinsame Ziele zu verfolgen" (Kelm 2003, S. 184). Es ist unschwer zu erkennen, dass hier unterschiedliche Vorstellungen von Führung vorliegen.

Vielfach wird die Ansicht vertreten, dass die professionelle Führung eines Gesundheitsbetriebes am ehesten durch ein situatives Führungsverhalten zu gewährleisten ist. Hierbei erfolgt die Auswahl des jeweiligen Führungsstils (autoritär oder kooperativ), der Führungsprinzipien und der -instrumente nach den situativen und individuellen Gegebenheiten und Erfordernissen (vgl. Bechtel et al. 2010, S. 200). Als Führungskraft in der ambulanten Pflege wissen Sie schließlich, dass jeder Tag, mitunter sogar jeder Einsatz, Neues bringen und nicht jede Mitarbeiterin in jeder Situation gleich behandelt werden kann, was von Ihnen ein hohes Maß an Anpassungsfähigkeit und Flexibilität fordert. Die wichtigsten und eher auf einem kooperativen Führungsstil basierenden **Führungsprinzipien** sind:

- **Management by delegation**: Führung durch Aufgabendelegation
- **Management by exception**: Führung nach dem Ausnahmeprinzip
- **Management by objectives**: Führung durch Zielvereinbarung
- **Management by results**: Führung durch Ergebnisorientierung
  (vgl. Frodl 2011, S. 53)

Demgegenüber wird das Prinzip „**Management by control**" (Führung durch Kontrolle) eher mit einem autoritären Führungsstil in Verbindung gebracht (vgl. Kelm 2003, S. 172). In zunehmendem Maße sind jedoch auch sogenannte „neo-charismatische Führungsstile", wie etwa die **transformationale Führung** von Interesse (vgl. Bollinger 2011, S. 64–65), nicht zuletzt aufgrund der hier inhärenten visionären und mitarbeiterorientierten Komponenten. Transformationale Führung stellt gewissermaßen das Gegenteil zu der transaktionalen, autoritären und im Wesentlichen auf Anordnung und Ausführung basierenden Führung dar. Die besonderen Kennzeichen transformationaler Führung sind: „Mitarbeiter in Entscheidungen einzubeziehen und sie zu ermutigen, Visionen und kreatives Handeln zu entwickeln. Die Leitung formuliert deutlich ihre spezifischen Erwartungen an die Mitarbeiter und zeigt gleichzeitig eine große Überzeugung darin, dass diese die Fähigkeit haben, diese Ziele auch zu erreichen" (Tewes 2011, S. 45).

Gerade wegen der berufsspezifischen physischen und psychischen Belastungen sind Pflegekräfte in erheblichem Maße auf kollegialen Rückhalt und auf die Unterstützung durch eine professionelle Führung angewiesen, wie beispielsweise die Ergebnisse der NEXT-Studie (Nurses Early Exit Study) unter Pflegenden in Krankenhäusern und Pflegeheimen zeigen (vgl. Simon et al. 2005, S. 55). Die Anforderungen und Erwartungen der Pflegenden an die jeweiligen Führungskräfte variieren jedoch je nach Alter und Generationszugehörigkeit sowie kulturellem Hintergrund. So hat der jeweilige Führungsstil für ältere Beschäftigte eine größere Relevanz als für jüngere (vgl. Gerisch et al. 2010, S. 47). Es ergibt sich somit die Notwendigkeit eines **Diversity Managements**, um den jeweils verschiedenen Einstellungen und Bedürfnissen entsprechen sowie Missverständnisse und daraus resultierende Motivationsverluste vermeiden zu können. Nicht zuletzt müssen Sie bedenken, dass die Zufriedenheit Ihrer Mitarbeiterinnen nicht nur von Ihrem Führungsstil, sondern auch in hohem Maße von der tatsächlichen Qualität Ihrer Führung abhängig ist. In Abb. 2.4 sind

Abb. 2.4 Maßnahmen zur Verbesserung der Führungsqualität in der ambulanten Pflege (Quelle: eigene Darstellung, Datenmaterial: Gerisch et al.2010, S. 46–49)

Abb. 2.5 Instrumente der Mitarbeitermotivation (Quelle/Datenmaterial: Bechtel et al. 2010, S. 56–57)

einige Maßnahmen aufgeführt, durch die Sie die Führungsqualität in Ihrem Pflegedienst verbessern können:

Ein wesentlicher Schlüssel für Ihren Erfolg als Führungskraft liegt in der **Motivation** Ihrer Mitarbeiterinnen. Konkrete Instrumente der Mitarbeitermotivation werden in Abb. 2.5 aufgezeigt. Mitarbeitermotivation lässt sich definieren als „Oberbegriff für jene Vorgänge (…), die in der Umgangssprache mit Streben, Wollen, Begehren, Drang usw. umschrieben und als Ursache für das Verhalten der Mitarbeiter in einem Gesundheitsbetrieb angesehen werden können" (Frodl 2011, S. 53).

Insbesondere in der Altenpflege weisen Führungskräfte, vor allem der mittleren Ebene, nicht immer ein professionelles Führungsverhalten auf, was nicht zuletzt darin begründet liegt, dass sie oftmals selbst überlastet sind oder durch teilweise Mitarbeit in der direkten Pflege in Rollenkonflikte geraten. Eingedenk der demografischen Entwicklung kommt

Ihnen als Führungskraft vor allem die Aufgabe zu, in Ihrem Pflegedienst eine Unternehmenskultur zu schaffen, in der Mitarbeiterorientierung ebenso verankert ist wie ein kollegiales Betriebsklima. Führungskräften mit Visionen gelingt es in besonderem Maße, die Beschäftigten zu motivieren und eine entsprechend positive und mitarbeiterorientierte Unternehmenskultur zu etablieren.

> ▶ Legen Sie also größtmöglichen Wert darauf, in Ihrem Pflegedienst eine positive Unternehmenskultur zu etablieren, um so die Kollegialität unter Ihren Mitarbeiterinnen sowie deren berufliches Engagement und die Identifikation mit dem Betrieb zu fördern.

An dieser Stelle ist allerdings zu klären, was unter Unternehmenskultur zu verstanden werden soll:

> ▶ **Unternehmenskultur** umfasst die bindenden Werte und Normen, Überzeugungen und Denkhaltungen, die von den Mitgliedern des Unternehmens geteilt werden und die ihr Denken, Fühlen und Handeln intern und nach außen hin bestimmen (Bechtel et al. 2010, S. 151).

Auf der Grundlage einer Vision lässt sich ein Leitbild entwickeln und eine Corporate Identity aufbauen, sodass sich die Belegschaft mit der Arbeit und mit dem Unternehmen identifizieren kann, was wiederum in Kombination mit der Implementierung einer alternsgerechten Arbeitsgestaltung die Bindung der Beschäftigten an den Betrieb erhöht und somit die Fluktuationsrate und den Krankenstand reduziert. „Bei der Neuausrichtung einer Organisation im Hinblick auf eine alternsgerechte Arbeitsgestaltung kommt den Führungskräften eine zentrale Rolle zu. Sie sind es, die letztlich darüber entscheiden, ob es zu einem Kulturwandel in Bezug auf demografische Herausforderungen kommt oder nicht" (Gerisch et al. 2010, S. 48).

Eine Vision zu haben, ist der wirksamste Antrieb, die beste Motivation, um Menschen und Teams langfristig erfolgreich zu begeistern und zu führen (Mutmann und Eberts 2011, S. 909).

2.4 Arbeitsorganisation und Arbeitsgestaltung

Die Organisationsstruktur eines Unternehmens bzw. einer Einrichtung lässt sich unterteilen in Aufbau- und Ablauforganisation.

> ▶ **Aufbauorganisation** Sie ordnet die Aufgaben zu verschiedenen organisatorischen Einheiten durch Bildung von Stellen als kleinster organisatorischer Einheit sowie weiterer Organisations- und Hierarchieebenen. Hier werden Aufgaben und ihre jeweiligen Teilaufgaben betrachtet, sachgerecht gebündelt und mit den für die Aufgabenerledigung erforderlichen Befugnissen und Verantwortlichkeiten einzelnen Stellen und Organisa-

tionsbereichen zugeordnet. Die **Ablauforganisation** bildet das räumliche und zeitliche Zusammenwirken der an der Aufgabenerledigung beteiligten Menschen und Sachmittel ab. Ziel ist eine reibungslose Aufgabenerledigung zwischen allen beteiligten Bereichen. Wenngleich beides eng miteinander zusammenhängt und es oftmals nicht möglich ist, den einen Bereich ohne Berücksichtigung des anderen zu betrachten; fallen Verbesserungen der Arbeitsorganisation und -gestaltung vornehmlich in den Bereich der Ablauforganisation (vgl. Frodl 2011, S. 96–101).

Vor dem Hintergrund des demografischen Wandels und des zunehmenden Mangels an Pflegefachkräften gerade in der Altenpflege, besteht für Sie besonderer Handlungsbedarf bei der Umgestaltung der Arbeitsorganisation im Sinne einer altersgerechten Arbeitsplatzgestaltung. Dabei haben Sie dafür Sorge zu tragen, dass sowohl Notwendigkeit als auch Gestaltungswille bei allen Leitungskräften in Ihrem Pflegedienst nachhaltig verinnerlicht werden:

> Dazu ist die Einsicht entscheidend, dass die Trägerverantwortlichen und Führungskräfte die Aufgabe und Verantwortung haben, den älteren Mitarbeitern einen Verbleib bis zum Rentenbeginn, der in Zukunft später stattfinden wird, zu ermöglichen. Die Verbindlichkeit einer demografiefesten Personalpolitik muss in den strategischen Perspektiven festgelegt werden und sich in Zielvereinbarungen wiederfinden (Heusel 2011, S. 123).

Wenngleich mit zunehmendem Alter der Pflegekräfte deren Arbeitszufriedenheit steigt bei gleichzeitiger Abnahme der Fluktuationsneigung (vgl. Jost 2007, S. 8–9), ist schon allein aufgrund des zahlenmäßigen Anstiegs der Alterskohorte 50plus die Notwendigkeit gegeben, Arbeitsplätze und Arbeitsbedingungen so zu gestalten, dass ältere Pflegekräfte ohne nennenswerte Hindernisse ihren Beruf bis zu Berentung ausüben können, um den zukünftigen Bedarf an Pflegenden nicht massiv zu gefährden. Eine altersgerechte Arbeitsplatzgestaltung bezieht sich zunächst auf die Regelungen der Arbeitszeiten. Dies beinhaltet die Entwicklung mitarbeiterorientierter Arbeitszeitmodelle, die Flexibilisierung der Arbeitszeiten und Angebote von Teilzeitarbeit.

Die Einführung einer altersgerechten Arbeitsgestaltung dient nicht nur der Mitarbeiterbindung, sondern auch dem Erhalt der Arbeitsfähigkeit vor allem älterer Beschäftigter. Für die Arbeitsfähigkeit einer Person sind, wie in Abb. 2.6 veranschaulicht, neben gesellschaftlichen Rahmenbedingungen, wie etwa Familie, Freunde und Bekannte, verschiedene Faktoren von Bedeutung:

Während sich die gesellschaftlichen Rahmenbedingungen innerhalb des Unternehmens kaum beeinflussen lassen, können Sie als Führungskraft die Faktoren Arbeit – bestehend aus Arbeitsumgebung, -inhalt, -anforderung, -organisation, sozialem Arbeitsumfeld, Führung und Management; Wertvorstellungen – bestehend aus persönlichen Einstellungen und Motivation; Kompetenzen – bestehend aus Fähigkeiten und Kenntnissen; sowie Gesundheit im Sinne einer funktionellen Kapazität durchaus auf betrieblicher Ebene gestalten (vgl. ders. ebenda). Die Arbeitsfähigkeit wird gemessen mit Hilfe des **Work Ability Index (WAI)**. Dieser umfasst:

Abb. 2.6 Komponenten der
Arbeitsfähigkeit (Quelle: eige-
ne Darstellung, Datenmaterial:
Schmidt 2011, S. 7)

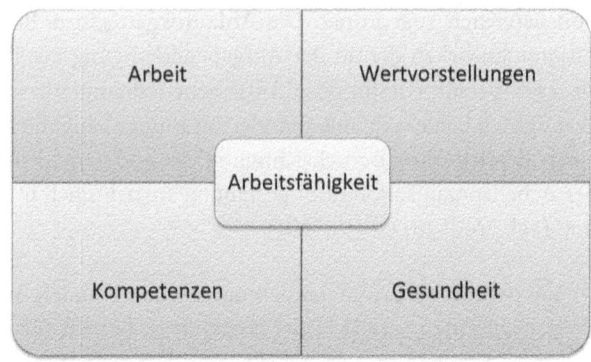

- Aktuelle Arbeitsfähigkeit
- Anforderungsbewältigung
- Ärztlich diagnostizierte Krankheiten
- Beeinträchtigung der Arbeitsleistung durch Krankheiten
- Krankenstand im letzten Jahr
- Zukünftige Arbeitsfähigkeit
- Psychische Befindlichkeit
  (vgl. Berger und Zimber 2004, S. 17–18)

Um bei Ihren Mitarbeiterinnen möglichst dauerhaft einen möglichst hohen WAI zu erhalten, ist es zum einen notwendig, dass Sie das richtige Maß zwischen Über- und Unterforderung der jeweiligen Pflegerin halten. Zum anderen ist darauf zu achten, dass Sie eine Abstimmung von Einzel- und Teaminteressen vornehmen. „Ziel sind nicht sogenannte Schonarbeitsplätze, sondern ist eine effektive Arbeitsverteilung, die sowohl das Team entlasten sollte als auch die Beschäftigungsfähigkeit der älteren, erkrankten oder zeitweise eingeschränkten Mitarbeiter langfristig sichert" (BGW 2009, S. 31). Der WAI bildet nicht nur den gegenwärtigen Zustand ab, sondern erlaubt auch Prognosen über die zukünftige Arbeitsfähigkeit der Pflegekräfte.

Nicht zuletzt sind sowohl die Arbeitsplatzgestaltung, Arbeitszeit- und Dienstplanung als auch die Aufgabenverteilung so vorzunehmen, dass Bedürfnisse, Erfahrungen und Belastbarkeit von jüngeren und älteren Beschäftigten in angemessener Weise Berücksichtigung und Würdigung finden (vgl. Gerisch et al. 2010, S. 50). Überdies schließt ein allgemein wertschätzender Umgang mit den Pflegekräften auch deren angemessene Bezahlung ein.

▷   Das Personal ist somit nicht länger als Kostenfaktor, sondern als existenzsichern-
     de Ressource des Unternehmens anzusehen. „Die Basis für Qualität und wirt-
     schaftlichen Erfolg wird zukünftig auch davon abhängen, wie es den Einrich-
     tungen gelingt, altersgerechte (und attraktive) Arbeitsbedingungen für Pflege-
     kräfte zu schaffen" (ADS/DBfK auf Bundesebene (Hrsg.) 2006, S. 14).

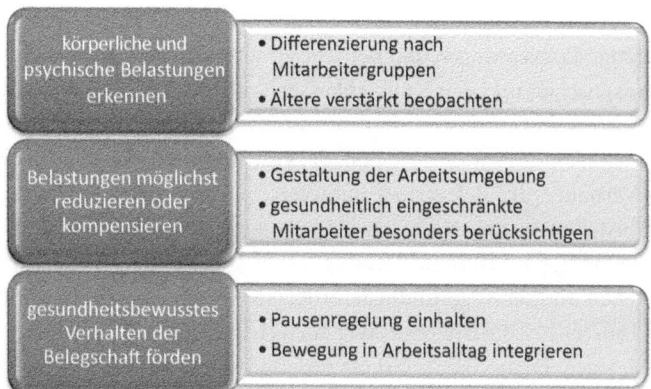

Abb. 2.7 Aufgaben der betrieblichen Gesundheitsförderung (Quelle: eigene Darstellung, Datenmaterial: Freiling et al. 2010, S. 36)

2.5 Betriebliche Gesundheitsförderung

Bei Altenpflegekräften ist ein überdurchschnittlich hoher Krankenstand zu verzeichnen. Dieser betrug etwa im Jahr 2007 17,4 Tage, bei Krankenpflegekräften waren es 14,6 Tage und der durchschnittliche Krankenstand aller Berufsgruppen lag 2007 bei 11,8 Tagen (vgl. Geldermann 2011, S. 60). Somit ist es nicht nur aus sozialen Gründen, sondern auch aus betriebswirtschaftlichem Kalkül heraus geboten, die im Unternehmen angestellten Pflegekräfte bei möglichst guter Gesundheit zu halten, da andernfalls hohe Kosten durch krankheitsbedingte Ausfälle entstehen bzw. Kunden verprellt werden, weil anstehende Pflegefälle aufgrund von personellen Engpässen nicht oder nicht angemessen übernommen werden können. Die Aufgaben der betrieblichen Gesundheitsförderung werden in Abb. 2.7 verdeutlicht.

Aufgrund zunehmender gesundheitlicher Einschränkungen und/oder Probleme nimmt die Arbeitsfähigkeit, der Work Ability Index (WAI), mit steigendem Lebensalter in aller Regel ab (vgl. Hasselhorn et al. 2011, S. 122). Daher ist ein besonders aufmerksamer Umgang mit älteren Pflegekräften bzw. mit bereits akut oder chronisch gesundheitlich eingeschränkten Pflegenden seitens des Personalmanagements überaus sinnvoll, um im Idealfall allen Mitarbeiterinnen und Mitarbeitern die Möglichkeit zu geben, bis zur regulären Berentung ihrem Beruf nachgehen zu können.

▸ **Betriebliches Gesundheitsmanagement** beinhaltet in der Regel präventive und zielgerichtete Maßnahmen, die bestimmte gesundheitliche Schädigungen verhindern, weniger wahrscheinlich machen oder verzögern sollen. Hierunter fallen die Verhaltensprävention, die auf die Vermeidung von gesundheitsgefährdendem Verhalten abstellt, und die Verhältnisprävention, welche sich mit technischen, organisatorischen und sozialen Bedingungen

des betrieblichen Umfeldes und deren Auswirkung auf die Entstehung von Gesundheits-
schäden beschäftigt. Einrichtungen und Betriebe erhalten diesbezüglich Unterstützung von
der Berufsgenossenschaft und den Krankenkassen (vgl. Gerisch et al. 2010, S. 38).

Allerdings darf nicht unerwähnt bleiben, dass die innerbetrieblichen Einflussmöglichkeiten auf das Verhalten der Belegschaft mitunter eher begrenzt sind. Dies gilt vor allem
für generelle Einstellungs- und Verhaltensänderungen, die auch das tägliche und priva-
te Leben der Beschäftigten betreffen. Dennoch ist es wichtig, dass Vorgesetzte mit gutem
Vorbild vorangehen und selbst gesundheitsfördernde Verhaltensweisen, wie etwa gesunde
Ernährung und ausreichend Bewegung, aber auch Achtsamkeit der eigenen Person gegenüber, an den Tag legen. Denn: Wer selbst bis zur völligen Erschöpfung arbeitet, wird kaum
von seinen Mitarbeiterinnen und Mitarbeitern die Einhaltung geltender Pausen- und Frei-
zeitausgleichsregelungen erwarten können (vgl. dies. 2010, S. 61).

2.6   Fazit für die ambulante Pflege

Die Handlungsfelder eines demografiefesten Personalmanagements umfassen die Bereiche
Kompetenz und Entwicklung, Personalgewinnung und Personalbindung, Führung und
Unternehmenskultur, Arbeitsorganisation und Arbeitsgestaltung sowie betriebliche Gesundheitsförderung. Um den Herausforderungen des demografischen Wandels erfolgreich
begegnen zu können, sollte Sie jedoch bedenken, dass alle genannten Komponenten miteinander in Beziehung stehen und hinsichtlich ihrer Bedeutung für ein erfolgreiches Personalmanagement von gleichwertiger Relevanz sind. Auch aus Sicht der Beschäftigten sind
in allen Bereichen Verbesserungen erforderlich, um die Pflegetätigkeit zu einer attraktiven
Erwerbsarbeit werden zu lassen: „Wenn Arbeit zu sehr die Gesundheit belastet, kann dies
auch durch noch so viele Entwicklungs- und Lernmöglichkeiten, kreative wie soziale Potenziale nicht ausgeglichen werden. Umgekehrt ist eine Arbeit, die von den Erwerbstätigen
zwar nicht als negative Belastung, aber auch nicht als anregend und förderlich beschrieben
wird, ebenfalls weit entfernt von guter Arbeit. Drittens spielt auch das Einkommen eine
wichtige Rolle" (DBfK 2009, S. 29).

Als professionelle Personalmanagerin in der ambulanten Pflege sind Sie sich der wett-
bewerbsentscheidenden und vor allem zukünftig vermehrt existenzsichernden Bedeutung
eines qualitativ und quantitativ hochwertigen Personalbestands für Ihren Pflegedienst be-
wusst und fokussieren Ihr Handeln darauf, einen solchen aufzubauen bzw. langfristig zu
sichern. Um dies zu erreichen, etablieren Sie zunächst eine mitarbeiterorientierte Unternehmenskultur und ein positives Betriebsklima, außerdem bauen Sie ein vertrauensvolles
Verhältnis zwischen Pflegekräften und Vorgesetzen auf. Allerdings besteht in der ambulanten Altenpflege das Problem, dass der Kontakt der Pflegekräfte untereinander sowie zu den
Führungskräften durch die räumliche Trennung, da ja der überwiegende Teil der Arbeitszeit vor Ort bei den Kunden geleistet wird, im Vergleich zum stationären Bereich deutlich
erschwert ist. Dem können Sie etwa durch regelmäßige Dienstbesprechungen, Förderung

des kollegialen Austauschs und turnusmäßige bzw. anlassbezogene Mitarbeitergespräche entgegenwirken. Zudem sollten Sie alle Leitungskräfte in Ihrem Pflegedienst gleichsam als Initiatoren und Katalysatoren für Entwicklung und Implementierung betriebsinterner Innovationen entsprechend sensibilisieren, weiterbilden und ggf. freistellen sowie Mitarbeiterinnen auf allen Ebenen an Veränderungsprozessen angemessen beteiligen.

Literatur

Bechtel, P., Friedrich, D., & Kerres, A. (Hrsg.). (2010). *Mitarbeitermotivation ist lernbar. Mitarbeiter in Gesundheitseinrichtungen motivieren, führen, coachen.* Berlin, Heidelberg: Springer Verlag.

Berger, G. & Zimber, A. (2004). Alter(n)sgerechte Arbeitsplätze in der Altenpflege. Wege zur Stärkung der Arbeits (bewältigungs)fähigkeit (nicht nur) der älteren Mitarbeiter/innen. http//:www.equal-altenhilfe.de/files/Arbeitsplatz_Altenhilfe/AP_03/AP_03.pdf. Zugegriffen: 22. Mai 2011.

Bollinger, J. A. (2011). Transformationale Führung als Erfolgsfaktor des Interim Management. https://kobra.bibliothek.uni-kassel.de/bitstream/urn:nbn:de:hebis:34-2011101039281/11/DissertationJanAndreasBollinger.pdf. Zugegriffen 02 Juni 2011.

Berufsgenossenschaft für Gesundheitsdienst und Wohlfahrtspflege (BGW). (2009). bgw-themen: Älter werden im Pflegeberuf. Fit und motiviert bis zur Rente – eine Handlungshilfe für Unternehmen. http//:www.bgw-online.de/internet/generator/Inhalt/OnlineInhalt/Medientypen/bgw_20themen/TP-AAg-11U-Aelter-werden-im-Pflegeberuf.html. Zugegriffen: 22. Mai 2011.

Business Dictionary. (2012). Employee Retention. http://www.businessdictionary.com/definition/employee-retention.html. Zugegriffen: 25. November 2012.

DEBA. (2006). Employer Branding, Fassung vom 14. April 2007. http://www.employerbranding.org/employerbranding.php. Zugegriffen: 25. November 2012.

Deutscher Berufsverband für Pflegeberufe (DBfK), & Schweizer Berufsverband der Pflegefachfrauen und Pflegefachmänner (SBKASI). (2009). *Personalmanagement in der Pflege vor dem Hintergrund der Generationenvielfalt. Implikationen für Politik und Management.* Genf: ICHRN – International Centre for Human Resources in Nursing.

Freiling, T., Geldermann, B., & Töpisch, K. (2010). *Handlungsfelder zur Gestaltung einer demografiefesten Personalpolitik in der Altenpflege.* Bielefeld: Verlag W. Bertelsmann.

Frodl, A. (2011). *Personalmanagement im Gesundheitsbetrieb.* Wiesbaden: Gabler.

Gerisch, S., Knapp, K., & Töpsch, K. (2009). *Demografiefeste Personalpolitik in der Altenpflege. Handlungsbedarf erfassen.* Bielefeld: Verlag W. Bertelsmann.

Joost, A. Dr., IWAK Institut für Wirtschaft, Arbeit und Kultur Zentrum an der Goethe-Universität Frankfurt am Main (Hrsg.) (2007). Berufsverbleib und Fluktuation von Altenpflegerinnen und Altenpflegern. http//:www.iwak-frankfurt.de/documents/Berufsverbleib.pdf. Zugegriffen: 02. Juni 2011.

Kelm, R. et al. (2003). *Arbeitsrechtliche Grundlagen, Personalbeschaffung, Personalführung.* Personalmanagement in der Pflege, Bd. 1. Stuttgart: Verlag W. Kohlhammer.

Loebe, H., & Severing, E. (Hrsg.). (2011). *Zukunftsfähig im demografischen Wandel. Herausforderung für die Pflegewirtschaft.* Bielefeld: Verlag W. Bertelsmann.

Mandl, H. Prof. Dr. (2012). Wissensmanagement lernen. http://www.wm2001.aifb.uni-karlsruhe.de/InvitedTalks/Mandl-WM-lernen.ppt. Zugegriffen: 02. Februar 2012.

Mutmann, V., & Eberts, E. (2011). Kraft der großen Bilder. Führen mit Vision. *Die Schwester/Der Pfleger, 09*, 908–911.

Schmidt, S. (2011). Arbeitsfähigkeit bei Pflegenden in Altenpflegeeinrichtungen – erste Ergebnisse der 3Q-Studie, http://www.3q.uni-wuppertal.de/index.php?Zeitschriftenartikel. Zugegriffen: 29. September 2011.

Scholz, A. M. (2008). Wissensmanagement in der Altenpflege. Der Umgang mit der Ressource Wissen in Pflegeeinrichtungen – eine explorative Untersuchung. http://www.sfs-dortmund.de/odb/Repository/Publication/Doc%5C1074%5Cbadf_band_160.pdf. Zugegriffen: 02. Februar 2012.

Simon, M., Kümmerling, A. & Hasselhorn, H. M. Dr. (2011). Arbeit und Familie-Konflikt bei europäischem Pflegepersonal. Eine Analyse der Daten der europäischen NEXTStudie. http://www.bmwa.cms.apa.at/cms/content/attachments/8/4/5/CH0554/CMS1172240132751/analyse_der_daten_der_europaeischen_next_studien,_arbeit_und_familie_-_konflikt_bei_europ._pflegepersonal.pdf. Zugegriffen: 29. September 2011

Projektmanagement

3

Als attraktiver Arbeitgeber zeigen Sie ein hohes Maß an Mitarbeiterorientierung auf und sind darum bemüht, möglichst viele Bedürfnisse und Wünsche Ihrer Beschäftigten zu erfüllen. Im Vorfeld eines konkreten Projekts sind diese Bedürfnisse zu eruieren, etwa durch Mitarbeiterbefragungen, Altersstrukturanalysen, Auswertung der Personaldaten (Qualifikation, Betriebszugehörigkeit, Geschlecht, Familienstand etc.). Sie können allerdings auch entsprechende Fachliteratur zu Rate ziehen. Nachfolgend werden Ihnen nun zunächst die Projektvorbereitungen vorgestellt. Im Anschluss daran werden der Projektverlauf sowie die einzelnen Projektphasen dargestellt und erläutert.

> ▶ Die Durchführung eines Projekts unterliegt grundsätzlich dem PDCA-Zyklus, d. h. der gesamte Prozess des Projektverlaufs unterliegt der kontinuierlichen Überprüfung und Verbesserung (siehe Abb. 3.1).

3.1 Vorbereitung und Vorstellung des Projektvorhabens

> ▶ Da ein Projekt über einen längeren Zeitraum hinweg finanzielle, personelle und zeitliche Ressourcen bindet, empfiehlt sich eine sorgsame Planung und Vorbereitung, damit der materielle bzw. immaterielle Aufwand von größtmöglichem Erfolg gekrönt wird. Letzterer ist zudem in hohem Maße von Mitarbeit, Engagement und Beteiligung der Beschäftigten an dem Projekt abhängig.

Legen Sie Ihren Mitarbeiterinnen die übergeordneten Zielvorstellungen, den ungefähren Ablauf, Umfang und die zu erwartenden Vorteile zunächst in groben Zügen dar. Die Vorstellung des Projekts können Sie im Rahmen einer Mitarbeiterversammlung vornehmen. Ergänzend dazu können Sie Informationsschreiben erstellen und diese als Anhänge an Abrechnungen und/oder Dienstplänen verteilen, oder aber das Projekt im Intranet oder

H. Ulatowski, *Zukunftsorientiertes Personalmanagement in der ambulanten (Alten-)Pflege*, DOI 10.1007/978-3-658-01276-2_3, © Springer Fachmedien Wiesbaden 2013

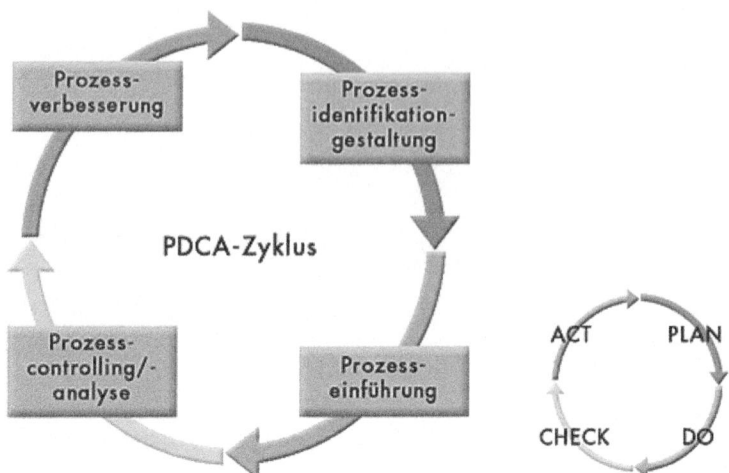

Abb. 3.1 Komponenten des PDCA-Zyklus im Rahmen des Projektverlaufs (Quelle: http://www.kvp. me/KVP_Prozessverbesserung.htm, Stand: 23. 03. 2012)

als Aushang am „schwarzen Brett" vorstellen. Denkbar ist es auch, einzelne Mitarbeiterinnen direkt anzusprechen. Ansprechpartner und Anmeldefristen für die Projektmitarbeit benennen Sie möglichst klar und deutlich. Hilfreich ist unter Umständen auch, wenn Sie ausdrücklich betonen: Projektarbeit ist Arbeitszeit! Interessierte tragen sich verbindlich in Teilnehmerlisten ein.

Ein weiterer Faktor für den Erfolg eines Projekts liegt in der **Zusammensetzung der Projektgruppe**, die aus möglichst leistungsfähigen, kreativen und einsatzfreudigen Beschäftigten verschiedener Berufsgruppen und Qualifikationen bestehen sollte. Es ist also besonders wichtig, dass Sie geeignete Mitarbeiterinnen für die Mitwirkung an dem Projekt gewinnen können. Außerdem ist zu beachten, dass Sie das Projekt inhaltlich auf die Themen beschränken, die für die Einrichtung zum gegebenen Zeitpunkt am wichtigsten sind, um zu verhindern, dass man sich an zu vielen „Baustellen" verzettelt.

Motivieren Sie Ihre Mitarbeiterinnen für die Teilnahme an dem Projekt! Dies bedeutet konkret, dass die Projektmitglieder durch ihre Mitarbeit die Möglichkeit zur aktiven Gestaltung, Weiterentwicklung und Existenzsicherung des Pflegedienstes erhalten. Stellen Sie eine leistungsorientierte Organisationsstruktur sicher durch Optimierung der Arbeitsabläufe, Reduzierung des bürokratischen Aufwands sowie durch eine gute materielle und immaterielle Ausstattung des Projekts. Verdeutlichen Sie Ihren Mitarbeiterinnen, dass die Teilnahme an der Projektarbeit ihrer persönlichen und beruflichen (Weiter-)Entwicklung dient und überdies eine Erweiterung des jeweiligen Aufgabenspektrums darstellt. Weiterhin sollten Sie darauf achten, dass die Projektarbeit nicht zu unzumutbarer Mehrbelastung führt und dass sich keine Konflikte mit privaten oder familiären Verpflichtungen ergeben, sind etwa Betreuungszeiten von Kindertagesheimen zu berücksichtigen.

Abb. 3.2 Motivatoren für
die Projektbeteiligung (Quel-
le/Datenmaterial: Kellner, in:
Scherer (Hrsg.) 2002, S. 94)

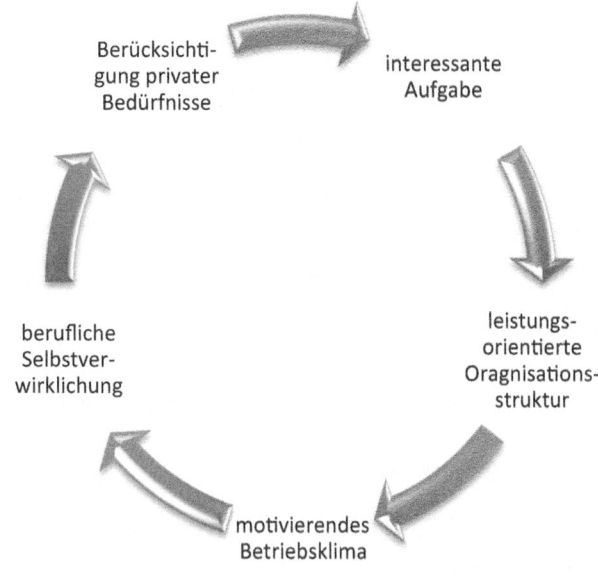

3.2 Projektverlauf

Dieser lässt sich in **vier Phasen** unterteilen, die in Abb. 3.3 grafisch dargestellt sind. Die erste Phase ist die **Planungsphase** und beinhaltet die Zielformulierung durch Befragungen auf Leitungs- und Mitarbeiterebene sowie die Bildung der Projektgruppe(n). Danach folgt die **Erprobungsphase**, in der das Projektvorhaben über einen bestimmten vorab definierten Zeitraum und/oder einen bestimmten Teilbereich umgesetzt wird. Daran schließt sich die **Evaluationsphase** an, welche der Überprüfung mittels Mitarbeiterbefragung, dem Einsatz von Checklisten und der kennzahlenbasierten Erfolgskontrolle dient und gegebenenfalls Modifizierungen nach sich zieht. Zum Abschluss wird das Projekt während der **Implementierungsphase** realisiert. Allerdings sind diese Phasen nicht immer scharf voneinander abzugrenzen, es gibt zum Teil Überschneidungen. Außerdem unterliegen sie bestimmten Wechselwirkungen: Verläuft etwa die Planungsphase schlecht, so kann dies kaum zu einer zufriedenstellenden Erprobungsphase führen. Der Projektverlauf wird durchgehend dokumentiert; nach Abschluss des Projekts wird ein schriftlicher Projektbericht verfasst und den Auftraggebern bzw. Initiatoren (Leitung, Träger etc.) vorgelegt.

3.2.1 Planungsphase

Während der Planungsphase werden vornehmlich die einzelnen Projektgruppen gebildet – deren Zahl sich wesentlich nach dem Umfang des Projekts richtet-, die Verantwortlichkeiten festgelegt und dementsprechende klare Arbeitsaufträge verteilt. Überdies werden

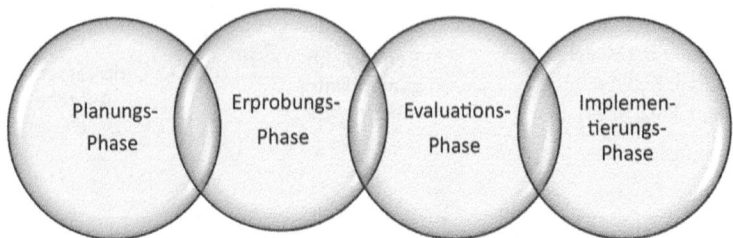

Abb. 3.3 Schematischer Ablauf der Projektphasen (Quelle: eigene Darstellung, Datenmaterial: Zingel 2009, S. 28)

terminierte Zielvorgaben erarbeitet und die probeweise Einführung des Projektvorhabens konzipiert.

Die Projektplanung beinhaltet:

- **Sachplanung:** Was soll in welchem Umfang erarbeitet werden?
- **Terminplanung:** Welche zeitlichen Abfolgen und Termine werden für die Projektphasen, Meilensteine und Arbeitspakete angesetzt?
- **Kostenplanung:** Welche projektbezogenen Kosten werden voraussichtlich entstehen?
- **Finanzierungsplanung:** Wie soll die Deckung der Projektkosten geregelt werden?
- **Ressourcenplanung:** Welche personellen, materiellen und zeitlichen Ressourcen werden durch das Projekt gebunden?

Die einzelnen Planungskomponenten sind voneinander abhängig und immer wieder aufeinander abzustimmen. Bei der Projektplanung kann auf eine Reihe von Methoden zurück gegriffen werden, wie beispielsweise die Projektstrukturplanung oder die Netzplantechnik (weiter dazu: http://www.projektmagazin.de/projektmanagement/kernaufgaben-im-projekt/planung).

Bildung der Projektgruppe(n)

Die Steuerung des Projekts erfolgt auf Leitungsebene, je nach Größe des Pflegedienstes durch eine **Steuerungsgruppe** oder durch eine verantwortliche Person. Bei einer Kooperation mehrerer Pflegedienste, etwa im Falle gemeinnütziger Trägerschaft, ist eine übergeordnete Steuerungsgruppe ins Leben zu rufen, welche den Fortgang des Projektes in den einzelnen Stationen des Trägers koordiniert und leitet, das heißt, dass deren Mitglieder gleichzeitig vor Ort die Funktion der Projektleiterin wahrnehmen. Die Steuerungsgruppe trifft sich zu Beginn und am Ende der jeweiligen Projektphasen sowie anlassbezogen. Es werden zunächst die Teilnehmerlisten ausgewertet und die betreffenden Mitarbeiterinnen rechtzeitig schriftlich über ihre Teilnahme und den ersten Sitzungstermin informiert. Bei Rückfragen stehen die Projektleiter den zukünftigen Projektteilnehmern als Ansprechpartner zur Verfügung.

▸   Hinsichtlich der Bildung der Projektgruppen ist neben Qualifikation und Motivation der Teilnehmer auch eine möglichst optimale Gruppengröße zu beachten:
„Ein arbeitsfähiges Team sollte aus nicht mehr als sechs oder sieben Mitglie-
dern bestehen. Bei dieser Gruppenstärke wird die bestmögliche Teameffizienz
erreicht" (Boy et al. 2002, S. 98). Auch bezüglich der Anzahl der Projektgruppen ist die Größe des Pflegedienstes bzw. eine eventuelle Kooperation mehrerer
Einrichtungen ausschlaggebend. Es ist jedoch auch durchaus denkbar, dass ein
solches Projektvorhaben bei kleiner oder mittlerer Betriebsgröße von einer Projektgruppe durchgeführt wird.

Zudem lassen sich auch hier nach der Aufgabensynthese die **typischen Gruppenpro-
zesse** beobachten:

- „**Forming**: Phase des Kennenlernens der Teammitglieder untereinander
- **Storming**: Bildung einer teaminternen Hierarchie durch Machtkämpfe und Profilie-
  rungsversuche
- **Norming**: Entstehen eines Wir-Gefühls aufgrund zuvor geklärter Binnenbeziehungen
- **Performing**: Erstellung der eigentlichen Leistung, Aufgabenerfüllung
- **Ending**: Auswertung und Dokumentation der Ergebnisse"

(Zingel 2009, S. 21).

Für eine erfolgreiche Projektarbeit ist die Realisierung einer hohen Umgebungsquali-
tät und ein ausgeglichenes Verhältnis von Konzentration und Entspannung wichtig, um
ein möglichst kreatives und effizientes Arbeitsklima zu schaffen (vgl.: Schmitz, in: Scherer
(Hrsg.) 2002, S. 279–282). Es ist ferner zu prüfen, ob bzw. inwieweit Kooperationsmög-
lichkeiten mit anderen bereits im Betrieb existierenden Projekten, etwa im Bereich der
innerbetrieblichen Fortbildung, der Personalentwicklung oder der Öffentlichkeitsarbeit,
bestehen. Außerdem ist bei der Zusammensetzung der Projektgruppen ein möglichst aus-
gewogenes Verhältnis von Mitarbeiterinnen mit und ohne Projekterfahrung anzustreben,
um so einen Erfahrungsaustausch untereinander zu ermöglichen. Die Projektgruppen tagen turnusmäßig alle 14 Tage möglichst an einem festen Wochentag sowie anlassbezogen.
Alle Sitzungen der Projektgruppen werden schriftlich protokolliert.

Zielformulierungen

Die Projektziele sollten Sie möglichst positiv, konkret und präzise formulieren. Achten Sie
bei der Formulierung darauf, dass die Ziele überprüfbar und realisierbar sind. Berücksichtigen Sie bei der Zielfindung die folgenden Kriterien, um eine solche Überprüfbarkeit
gewährleisten zu können:

- **Zielqualität:** Was soll ganz genau erreicht werden?
- **Zielquantität:** Wie viel soll erreicht werden?

- **Zieltermin:** Bis wann soll das erreicht werden?
- **Zielgrund**: Warum soll das erreicht werden?

(vgl. Simon 2004, S. 197).

Die Zielvorgaben werden schriftlich festgehalten und an die Steuerungsgruppe weitergegeben, welche schließlich auch die Überprüfung der Zielerreichung vornimmt. Im Folgenden wird vornehmlich auf Sachziele Bezug genommen, die sich aus dem obersten Ziel der **Attraktivitätssteigerung des Pflegedienstes für Arbeitnehmerinnen** ableiten lassen.

Hintergrundinformationen

Inhaltlich basieren die nun vorgestellten Ziele auf Studienergebnissen zur Arbeitssituation, -belastung und Zufriedenheit von Pflegekräften (vgl. Buxel 2011; Peters et al. 2011, S. 139–144). Außerdem können Sie als Führungskraft eines ambulanten Pflegedienstes durchaus auch auf Erfahrungen im Bereich der stationären Altenpflege zurückgreifen, etwa hinsichtlich der eigenen Darstellung als attraktiver Arbeitgeber (weiter dazu: Schmidt et al. 2010, S. 60–62) sowie auf das Präventionskonzept „Arbeitslogistik in der Altenpflege" (ALIDA), einem Pilotprojekt der Berufsgenossenschaft für Gesundheitsdienst und Wohlfahrtspflege (BGW) (weiter dazu: Küfner und Wilhelm 2006, S. 328–333). Nicht zuletzt können Sie sich an dem international erfolgreichen „Great-Placeto-Work"-Konzept orientieren (vgl. Great Place to Work 2012).

3.2.2 Erprobungsphase

In dieser Phase setzen Sie die entwickelten Maßnahmen über einen zuvor bestimmten Probezeitraum testweise um. Hierfür ist ein Zeitraum von sechs Monaten realistisch, wenn Sie Rückschlüsse hinsichtlich der Machbarkeit, der Konsequenzen und möglicher Verbesserungspotenziale erhalten möchten. Sofern Sie jedoch stichhaltige Ergebnisse zu einem komplexen Ziel, etwa der Einführung eines systematischen Gesundheitsmanagements, erwarten, ist ein Erprobungszeitraum von sechs Monaten zur vollständigen Bewertung der eingeführten Maßnahmen noch nicht rundum aussagekräftig. Es ist außerdem wichtig, dass Sie den Ist-Zustand vor der Erprobungsphase so genau wie möglich erfassen, um eine Vergleichsgrundlage für die spätere Auswertung zu erhalten.

Während der Planungsphase haben Sie mit Ihrer Projektgruppe im Rahmen der Vorbereitung und Konzeption der Erprobungsphase auch Kriterien zur Beurteilung von Erfolg bzw. Misserfolg entwickelt. Diese beinhalten beispielsweise die Einhaltung des Zeitplans, Akzeptanz der Veränderungen innerhalb der Belegschaft während des Erprobungszeitraums und vor allem Art und Umfang der erreichten Zielqualität. Letzteres bezieht sich auf die Zielvorgaben der Sach-, Kosten-, Finanzierungs- und Ressourcenplanung. Für den gesamten Ablauf des Erprobungszeitraums sind Sie als Führungskraft sowie die Projektleitung und ggf. die Steuerungsgruppe, wenn etwa bei mehreren Pflegediensten eines Trägers zeitgleich Projekte zu einem bestimmten Thema stattfinden, verantwortlich. Es ist allerdings sinnvoll, darüber hinaus eine Person oder Gruppe zu benennen, welche die gesamte

Erprobungsphase verantwortlich betreut und als Ansprechpartnerin für die Mitarbeiterinnen fungiert, um ein möglichst effizientes und erfolgreiches Arbeiten zu gewährleisten.

Das Projektteam hat sich während der Projektplanung auf die Auswahl bestimmter Zielvorgaben, Meilensteine, Arbeitspakete und möglicher Maßnahmen geeinigt. Die Projektgruppen, deren Anzahl sich vornehmlich nach der Größe Ihres Pflegedienstes wie auch den zur Verfügung stehenden Ressourcen richtet, sind arbeitsteilig organisiert. Wollen Sie beispielsweise das in Kap. 7 vorgestellte Ziel: „Einführung einer altersgerechte Arbeitsorganisation" bearbeiten, so kann eine Projektgruppe die Erfassung der Arbeitsbelastung übernehmen, eine andere die Anschaffung und Bereitstellung der Hilfsmittel vor Ort planen und organisieren, eine dritte Gruppe kann sich mit der Konzeptionierung eines Workshops zum intergenerativen Erfahrungsaustausch beschäftigen und wiederum einer anderen Projektgruppe werden die Überwachung und Kontrolle der Zielvorgaben übertragen. Gibt es nur eine Projektgruppe, verfahren Sie analog personenbezogen, d. h. es werden arbeitsteilig Aufträge und Verantwortlichkeiten an Einzelne vergeben.

Sorgen Sie dafür, dass im Verlauf der gesamten Erprobungsphase alle Maßnahmen, Ergebnisse und Erfahrungen zeitnah, vollständig, systematisch und schriftlich dokumentiert werden. Die für die Dokumentation genutzten Formblätter sollten eine möglichst standardisierte und operationalisierbare Erfassung der Ergebnisse und Beobachtungen vorgeben, um den Arbeitsaufwand für die Dokumentation möglichst gering zu halten und die spätere Auswertung zu erleichtern. Es bieten sich somit Checklisten und skalierte Auswertungsbögen an, die Sie im Anschluss an die Kap. 4 bis 8 finden, wobei Sie hier auch Raum für individuelle Anmerkungen und Beobachtungen der Pflegekräfte schaffen können, zum Beispiel durch eine zusätzliche Spalte. Während des gesamten Ablaufs wird „eine kontinuierliche Überprüfung des Projektfortschritts anhand der Meilensteine" vorgenommen (Boy et al. 2002, S. 36).

3.2.3 Evaluationsphase

Der Schwerpunkt dieser Projektphase liegt in der Auswertung und der Analyse der in der Erprobungsphase gewonnenen (kennzahlengestützten) Ergebnisse sowie in der Identifikation etwaiger Verbesserungspotenziale und der Erarbeitung von Maßnahmen zur Modifikation der Zielvorgaben und des weiteren Prozessverlaufs. So werden Schwachstellen offen gelegt und Probleme identifiziert, die dann bei der weiteren Umsetzung des Projekts vermieden werden können. Ein wesentlicher Bestandteil der Auswertung ist der „Vorher-Nachher-Vergleich". Dies bedeutet, dass der vor der Erprobungsphase erhobene Ist-Zustand mit dem Ist-Zustand nach deren Abschluss verglichen wird. Zudem sollten Sie eine Mitarbeiterbefragung durchführen (lassen), wobei möglichst offene und geschlossene Fragen verwendet oder den Beschäftigten anderweitig die Möglichkeit zur Anmerkung individueller Anregungen, Erfahrungen oder Kritik gegeben werden sollten. Achten Sie darauf, dass die Ergebnisse der Analyse der Erprobungsphase schriftlich festgehalten werden, denn sie dienen als Basis für die Erarbeitung entsprechender Verbesserungsmaßnahmen.

Sie können davon ausgehen, dass die angestrebten Zielvorgaben und Maßnahmen nicht zur Gänze erreicht worden sind. Dementsprechend sind nach Analyse der Abweichungen und deren Ursachen Änderungen und Modifikationen vorzunehmen. Wenn sich zum Beispiel im Rahmen der Durchführung Ihres Projekts bei der Zielvorgabe: „Das Image des Pflegedienstes in der Öffentlichkeit ist verbessert" der durchgeführte „Tag der offenen Tür" aufgrund kläglicher Besucherzahlen als wenig erfolgreich erwiesen hat, sollten Sie zunächst prüfen, ob die Vorankündigungen umfassend und professionell genug gewesen sind und wie es um die lokale/regionale Präsenz der Einrichtung allgemein bestellt ist. Danach können Sie abwägen, ob eine solche Veranstaltung mit verbessertem Vorlauf erneut durchgeführt werden soll oder ob es sinnvoller ist, andere Maßnahmen zur Imageverbesserung zu nutzen. Hierbei macht es wenig Sinn, dass Sie gleichsam aus Prinzip an einem bestimmten Vorgehen festhalten, auch wenn sich dies als wenig erfolgreich, zu kostspielig oder zu zeitintensiv erwiesen hat – etwa weil Sie der Ansicht sind, dass eine moderne Einrichtung unbedingt einen „Tag der offenen Tür" veranstalten müsste. Vielmehr gilt es, Zielvorgaben realistisch und pragmatisch zu prüfen und zu modifizieren (vgl. Simon, in: Scherer (Hrsg.) 2004, S. 207–211).

3.2.4 Implementierungsphase

Die endgültige Umsetzung des Projektvorhabens wird in der Implementierungsphase vollzogen. Auch hier sollte wieder arbeitsteilig vorgegangen werden, wobei es sinnvoll erscheint, die jeweiligen Aufgabenbereiche vornehmlich an diejenigen Projektgruppen bzw. Personen zu delegieren, die bereits in der Erprobungsphase damit betraut gewesen sind. Es werden Verantwortliche für die jeweiligen Aufgaben- und Arbeitsbereiche bestimmt, die sowohl turnusmäßig als auch anlassbezogen mit der Steuerungsgruppe bzw. mit der Einrichtungsleitung im Austausch stehen. Zudem nehmen sie den Mitarbeiterinnen und Mitarbeitern gegenüber als Ansprechpartner eine beratende Funktion wahr. Stellen Sie möglichst sicher, dass ausreichend zeitliche und personelle Ressourcen für Gespräche und Besprechungstermine eingeräumt werden, um Unsicherheiten entgegenzuwirken sowie Erfahrungen und Anregungen bei der Umsetzung des Projektvorhabens einzubeziehen. Die Implementierung erfolgt schrittweise und unter kontinuierlicher Kontrolle durch die Projektgruppe(n) (vgl. Boy et al. 2002, S. 32–33).

Außerdem sollten Sie dafür Sorge tragen, dass ein möglichst detaillierter Zeit- und Ablaufplan aufgestellt und dessen Einhaltung von einer zuvor bestimmten Projektgruppe bzw. einer oder mehreren verantwortlichen Personen überwacht wird. Unter Einhaltung des PDCA-Zyklus wird grundsätzlich die Verwirklichung der Projektziele ebenso kontrolliert wie die kontinuierliche Verbesserung des Projektablaufs, um so möglichst optimale Projektergebnisse zu erzielen. Maßgebend für den Erfolg ist eine gut organisierte Kommunikation auf allen Ebenen, etwa im Sinne eines professionellen Besprechungs- und Berichtswesens.

Nicht zuletzt müssen Sie sicherstellen, dass der gesamte Ablauf der Implementierungsphase lückenlos und schriftlich dokumentiert wird (vgl. Zingel 2009, S. 29–31).

3.3 Zwischenfazit

Sie sehen also, dass der Erfolg der Projektarbeit in Ihrem Pflegedienst von verschiedenen formalen bzw. organisatorischen Faktoren abhängig ist. Zunächst einmal ist eine gründliche und umfassende Planung des Projektablaufs für eine erfolgreiche Durchführung ebenso unabdingbar wie eine gut durchdachte Zusammensetzung der Projektgruppe(n). In inhaltlicher Hinsicht ist es wichtig, dass Sie den Fokus auf die Bedürfnisse und Anforderungen Ihres Pflegedienstes und Ihrer Mitarbeiterinnen nicht aus den Augen verlieren. Zudem sind einmal gefasste Ziele zwar möglichst konsequent zu verfolgen, dennoch unterliegt der gesamte Prozess der Projektarbeit in jeder Phase einer ständigen Überprüfung im Sinne des PDCA-Zyklus.

Nach Abschluss der Projektarbeit begutachten Sie als Führungskraft bzw. Leitung des Pflegedienstes die erarbeiteten Ergebnisse. Diese werden Ihnen in Form eines schriftlichen Projektberichts vorgelegt, in dem Ziele, Aufgabenstellung, Organisation, Planung, Leistungen, Ergebnisse und Kosten des Projekts aufgeführt sind. Der Bericht wird durch Ihre Unterschrift formal genehmigt. Im Anschluss stellen Sie gegebenenfalls gemeinsam mit dem Projektteam die Projektergebnisse der Belegschaft vor, etwa auf einer Mitarbeiterversammlung, wobei es besonders wichtig ist, dass alle an dem Projekt Beteiligten angemessen einbezogen und ihre Leistungen entsprechend gewürdigt werden. Der Projektbericht kann zudem – ganz oder in Auszügen – ins Intranet gestellt oder anderweitig archiviert und für die Beschäftigten zugänglich gemacht werden. Außerdem ist die Art und Weise zu erörtern, wie Projekt und Projektergebnisse am besten nach außen hin dargestellt werden können. Zu guter Letzt können Sie prüfen, ob Folgeprojekte in Angriff genommen werden sollten – und wenn ja, welche möglichen Projektideen dann in Frage kämen.

▸ Den Erfolg des Projekts können Sie anhand der folgenden Kriterien bestimmen:

- Erreichung der festgelegten Zielvorgaben
- Einhaltung der veranschlagten Ressourcen
- Einhaltung der festgelegten Termine
- Einhaltung der veranschlagten Kosten

(vgl. Boy et al. 2002, S. 113).

Literatur

Buxel, H. (2011). Studienbericht: Jobwahlverhalten, Motivation und Arbeitsplatzzufriedenheit von Pflegepersonal und Auszubildenden in Pflegeberufen. Ergebnisse dreier empirischer Untersuchungen und Implikationen für das Pflegemanagement und -marketing von Krankenhäusern und Altenpflegeeinrichtungen. http//:www.fh-muenster.de/fb8/downloads/buxel/2011_Studie_ Zufriedenheit_Pflegepersonal.pdf. Zugegriffen: 25.05.2011.

Boy, J., Dudek, C., & Kuschel, S. (2002). *Projektmanagement. Grundlagen, Methoden und Techniken, Zusammenhänge.* Offenbach: Gabal Verlag.

Great Place to Work. (2012). Unser Ansatz. http://www.greatplacetowork.de/unser-ansatz. Zugegriffen: 07. Dezember 2012.

Kellner, H. (2002). So binden Sie Top-Leitungsträger. Die fünf wichtigsten Motivatoren. In H. Scherer (Hrsg.), *Von den Besten profitieren* (Bd. II, S. 89–111). Offenbach: Gabal Verlag.

KVP Kontinuierliche Verbessrungsprozesse. (2012). Prozessverbesserung & Optimierung. http:// www.kvp.me/KVP_Prozessverbesserung.htm. Zugegriffen: 23. März 2012.

Küffner, S., & Wilhelm, M. (2006). PflegePraxis. Hilfe bei der Arbeitslogistik. *Pflege Aktuell, 6,* 328– 333.

Peters, U., Finnmann, C., & Hecker, J. (2011). Zukunftsfähig im demografischen Wandel- Herausforderungen und Gestaltungslösungen am Beispiel der miCura Pflegedienste Nürnberg. In H. Loebe, & E. Severing (Hrsg.), *Zukunftsfähig im demografischen Wandel* (S. 139–144).

Schmitz, C. A. (2002). Kreativität. Abenteuer ins Ungewisse. In H. Scherer (Hrsg.), *Von den Besten profitieren* (Bd. II, S. 275–304). Offenbach: Gabal Verlag.

Simon, W. (2004). Ziel-Management. Ziele definieren, planen und realisieren. In H. Scherer (Hrsg.), *Von den Besten profitieren* (Bd. IV, S. 191–215). Offenbach: Gabal Verlag.

Zingel, H. (2009) Grundzüge des Projektmanagements. Definitionen, Organisation und Steuerung von Projekten. Grundgedanken des betrieblichen Projektmanagement. http://www.zingel.de/ pdf/10proj.pdf. Zugegriffen: 23. März 2012.

Handlungsfeld 1: Kompetenz und Entwicklung 4

Um die Kompetenzen und Fähigkeiten Ihrer Mitarbeiterinnen weiter zu entwickeln und Ihr Team möglichst auf dem neuesten pflegerischen Stand zu halten, kann es – ab einer mittleren Betriebsgröße – sehr sinnvoll sein, innerbetriebliche Fortbildungen (IBF) anzubieten. Hier sollten Sie vor allem auf das Motto: „Von Pflegenden für Pflegende" setzen, das heißt, die Fortbildungsangebote werden nicht von der Leitung durchgeführt, sondern für die jeweils anstehenden Themen werden Expertinnen aus dem Kreis der Pflegekräfte für die Schulung ihrer Kolleginnen rekrutiert. Dies setzt voraus, dass Sie als Führungskraft zum einen wissen, wer sich für welche Thematik besonders interessiert und dort fundierte Kenntnisse besitzt oder gern erwerben möchte; zum anderen dass Sie Ihre Mitarbeiterinnen entsprechend motivieren und sie vor allem in der Anfangsphase der IBF tatkräftig unterstützen. Durch die Einführung eines pflegegeleiteten IBF-Systems erreichen Sie nicht nur, dass die Belegschaft sich regemäßig fortbildet; vielmehr steigern Sie so das Selbstwertgefühl der einzelnen Pflegerinnen wie auch des Pflegeteams insgesamt, wodurch wiederum Kollegialität, Betriebsklima und Bindung an bzw. Identifikation mit dem Pflegedienst verbessert werden.

Darüber hinaus gibt es jedoch Bereiche, in denen eine IBF nicht ausreichend ist. So sollten Sie im Sinne einer mitarbeiterorientierten Personalentwicklung eine hohe Sensibilität für Weiterbildungs- und Qualifikationspotenziale Ihrer Mitarbeiterinnen entwickeln. So kann es beispielsweise gerade eingedenk der dünnen Personaldecke im pflegerischen Bereich überaus hilfreich sein, eine engagierte, kompetente und lernfreudige Mitarbeiterin aus der hauswirtschaftlichen Versorgung durch entsprechende Qualifizierungsmaßnahmen zunächst zur Pflegehelferin (GPA) und später eventuell zur examinierten Pflegekraft auszubilden. Um von dem zukünftig steigenden Beratungsbedarf durch Einführung des so genannten „Persönlichen Budgets" zu profitieren, empfiehlt es sich unter Umständen besonders geeignete Pflegefachkräfte zu Budgetassistentinnen und Case-Managerinnen ausbilden zu lassen – so sichern Sie Ihrem Betrieb in Zukunft zusätzliche Marktanteile (weiter dazu: BAR e. V. – Bundesarbeitsgemeinschaft für Rehabilitation: Handlungsempfehlungen.

H. Ulatowski, *Zukunftsorientiertes Personalmanagement in der ambulanten (Alten-)Pflege*, 35
DOI 10.1007/978-3-658-01276-2_4, © Springer Fachmedien Wiesbaden 2013

„Trägerübergreifende Aspekte bei der Ausführung von Leistungen durch ein Persönliches Budget", 2009).

Nicht zuletzt vor dem Hintergrund zunehmender wissenschaftlich-technischer Veränderungen und steigender Qualitätsanforderungen im medizinisch-pflegerischen Bereich gewinnt die Ressource „Wissen" ebenso wie die Einführung eines professionellen Wissensmanagements in der Altenpflege immer mehr an Bedeutung.

▶   Die Altenpflege gilt als eine so genannte „wissensintensive Dienstleistung", das
    heißt, es handelt sich um eine Tätigkeit, die mindestens zu 50 % aus Wissens-
    arbeit besteht. „Während das in der Altenpflege verfügbare Wissen immer um-
    fangreicher wird und die Qualitätsanforderungen sowie die KlientInnenansprü-
    che steigen, wird gleichzeitig eine sich daran orientierende Pflegeeinrichtung
    vor große Herausforderungen gestellt. Um die Wettbewerbsfähigkeit sicher zu
    stellen und sich am Markt behaupten zu können, ist eine adäquate und orga-
    nisierte Generierung, Weitergabe bzw. Speicherung des Wissens unabdingbar"
    (Scholz 2008, S. 72).

Somit ist es für Sie als Pflege- bzw. Personalmanagerin eines ambulanten Pflegedienstes durchaus ratsam, Projekte zum Aufbau eines professionellen IBF-Systems, zur Etablierung von Weiterbildungs- und Qualifikationsmaßnahmen und zur Implementierung eines professionellen Wissensmanagement (WM) in Ihrem Betrieb durchzuführen.

▶ **Wissensmanagement (WM)** lässt sich definieren als „die Gesamtheit der personalen, organisatorischen, kulturellen und technischen Praktiken, die in einer Organisation (...) auf eine effiziente Nutzung der Ressource „Wissen" zielen. Es umfasst die Gestaltung und Abstimmung aller Wissensprozesse in einem Unternehmen. (...) Das Wissen eines Unternehmens muss immer wieder überprüft, entwickelt, verteilt, ersetzt, übertragen, getestet oder auch gelöscht werden" (Bundesministerium für Wissenschaft und Technologie, in: Lehner 2009, S. 33–34).

Besondere Aufmerksamkeit gilt dem verborgenen, sogenannten impliziten Wissen (tacit knowledge), welches Schätzungen zufolge circa 80 % des Wissens in einem Betrieb ausmacht (vgl.: Lehner 2009, S. 44). Eine wesentliche Aufgabe des WM liegt nun darin, das implizite Wissen, bestehend aus persönlichen Erfahrungen, individuellen Fähigkeiten und Kompetenzen der Pflegekräfte, zu identifizieren, in explizites Wissen umzuwandeln und somit für andere zugänglich, speicher- und kommunizierbar zu machen. Das betriebliche WM ist ein zirkulärer Prozess, der die Identifikation des vorhandenen Wissens (Wissensbilanz) sowie des benötigten Wissens, den Erwerb von neuem Wissen, die Wissensspeicherung, -überprüfung und -aktualisierung beinhaltet. Zudem ist eine zeitnahe und umfassende Nutzung des Wissens für alle infrage kommenden Anwender zu gewährleisten. Eine elektronische Wissensdatenbank und EDV-gestützte Informationssysteme, zum Beispiel Wissensportale im organisationseigenen Intranet, bieten sich zumindest ab einer mittleren Betriebsgröße für alle der drei genannten Modellprojekte als Unterstützung an (vgl.: Remus 2002, S. 182–184).

4.1 Aufbau eines professionellen IBF-Systems

Sie können die Projekte „IBF" und „Weiterbildung und Qualifikation" nacheinander durchführen, wobei für das Projekt „Aufbau eines betrieblichen WM" beide Elemente miteinander kombiniert werden können. Allerdings gilt auch hier: Konzentrieren Sie sich zunächst auf ein Projekt, das für Ihren Pflegedienst die höchste Priorität besitzt bzw. mit möglichst geringem materiellen und immateriellen Aufwand durchzuführen ist. Nachfolgend wird zunächst auf die Einführung eines IBF-Systems abgestellt. Im Anschluss daran wird Ihnen ein Modellprojekt für den systematischen Einsatz von Weiterbildungs- und Qualifizierungsmaßnahmen vorgestellt und abschließend aufgezeigt, wie Sie ein Projekt zum Aufbau eines professionellen Wissensmanagements gestalten können.

Die Grundzüge der Projektarbeit wurden Ihnen in Kap. 3 dargelegt. Besonders wichtig ist es, auch bei der konkreten Projektplanung die Bedürfnisse und Ansprüche der Pflegekräfte zu berücksichtigen. Achten Sie also darauf, dass nicht nur alle Besprechungstermine, sondern auch die Sitzungstermine der Projektgruppe so gewählt sind, dass sie von allen Mitarbeitern bzw. Projektteilnehmern problemlos wahrgenommen werden können. Legen Sie die Termine daher so, dass sie nicht mit den Einsatzzeiten bei den Klienten, mit Dienst- oder Fallbesprechungen oder mit privaten Verpflichtungen, wie beispielsweise Schließzeiten von Kindertageseinrichtungen, kollidieren. Größe und Zusammensetzung der Projektgruppe wurden ebenfalls in Kap. 3 erläutert. Beides richtet sich allerdings auch nach der Betriebsgröße und den Ihnen jeweils zur Verfügung stehenden finanziellen und personellen Ressourcen.

4.1.1 Ziel und Maßnahmen

Erarbeiten Sie mit Ihrer Projektgruppe einen Maßnahmenkatalog, der an die Gegebenheiten Ihres Pflegedienstes angepasst ist. Die Qualifikationen der Pflegekräfte lassen sich zunächst den Personalakten entnehmen, weitere Zusatzqualifikationen, Weiterbildungen, besondere Fähigkeiten und/oder Interessen lassen sich im Rahmen einer Mitarbeiterbefragung erheben. Achten Sie jedoch darauf, dass Sie Ihre „neu entdeckten" Expertinnen nicht überfordern oder gar drängen und beziehen Sie die zukünftigen Referentinnen nach Möglichkeiten vor allem bei der Zeitplanung mit ein. Da nicht jeder Mensch darin versiert sein kann, Vorträge zu halten bzw. Themen vor Publikum zu präsentieren, sollten Sie eventuell entsprechende Schulungen in Betracht ziehen oder aber die infrage kommenden Mitarbeiterinnen selbst schulen bzw. anleiten. So vermeiden Sie, dass sich die eine oder andere Pflegekraft bei der Durchführung der IBF-Veranstaltung überfordert fühlt.

Ziel Ein innerbetriebliches Fortbildungssystems ist etabliert bis zum Tag X, um eine regelmäßige Fortbildung der Mitarbeiterinnen sowie eine erhöhte Identifikation mit der pflegerischen Arbeit, dem Team und dem Arbeitgeber zu erreichen.

Maßnahmen

- Bestehende Fachkenntnisse der Mitarbeiterinnen eruieren (Personalakte, Fragebogen)
- Mitarbeitergespräche (Weiterqualifikation/Karriereplanung)
- Mitarbeiterinnen mit besonderen Fachkenntnissen ansprechen, ob Bereitschaft zur Wissensweitervermittlung als Expertinnen für bestimmte Themen besteht
- Ernennung einer IBF-Beauftragten
- Erstellen einer „Wissenslandkarte", in der Mitarbeiterinnen und Fähigkeiten mit Angabe von Kontaktmöglichkeiten für Kolleginnen aufgeführt werden
- Schulungen zu Rhetorik und Präsentation anbieten
- Wissenslandkarte aushängen, ins Intranet stellen oder anderweitig für Kolleginnen verfügbar machen
- Innerbetrieblichen Fortbildungsbedarf eruieren (Vorschläge sammeln, Mitarbeiterbefragung etc.)
- Feststellen, welche Themen mit Expertinnen besetzt werden können
- Erstellen eines IBF-Plans für 6–12 Monate im Voraus (Turnus und Themen festlegen)
- IBF-Plan aushängen, ins Intranet stellen oder anderweitig für Kolleginnen verfügbar machen
- Eventuelle Verbindlichkeiten für die Teilnahme festlegen
- Gegebenenfalls Teilnahmezertifikate erstellen
- Rückmeldungsbogen für Evaluation erstellen
- Mitarbeiterbefragung durchführen

4.1.2 Kennzahlen und Checklisten

Kennzahlen

- Anzahl der gewonnenen Expertinnen
- Anzahl der IBF-Veranstaltungen
- Teilnehmerzahlen an den IBF-Veranstaltungen
- Responserate der Rückmeldebögen
- Responserate der Mitarbeiterbefragung

Checklisten Erfassen Sie die jeweiligen Kennzahlen in einer entsprechenden Checkliste; als Vorlage können Sie das im Anhang zu diesem Kapitel befindliche Muster verwenden. Dort finden Sie auch die folgend genannten Fragebogen.

4.1.3 Fragebogen

- Fragebogen 1: Fachkenntnisse
- Fragebogen 2: Fortbildungsbedarf
- Fragebogen 3: Rückmeldung IBF-Veranstaltung

4.1.4 Evaluation

- Auswertung der Kennzahlen
- Auswertung der Checklisten
- Auswertung der Fragebogen

4.2 Systematischer Einsatz von Weiterbildungs- und Qualifikationsmaßnahmen

Der systematische Einsatz von Weiterbildungs- und Qualifikationsmaßnahmen kommt insbesondere bei den so genannten „Pflichtfortbildungen für Pflegekräfte" zum Tragen. Hier können Sie sich nicht darauf verlassen, dass die jeweils vom Gesetzgeber geforderten Schulungen im Rahmen eines IBF-Systems angeboten werden. Zudem gilt es bei der Durchführung der Maßnahmen, bestimmte Qualitätsstandards einzuhalten. Dies trifft ebenso für die Durchführung von Schulungsangeboten zur (Weiter-)Qualifizierung von Mitarbeiterinnen zu. Um dauerhaft alle gesetzlichen Anforderungen an die Fortbildung und Qualifikation Ihrer Belegschaft erfüllen zu können, ist es sinnvoll, dass Sie ein systematisches Verzeichnis anlegen, in dem alle bestehenden, alle absolvierten und alle anstehenden Maßnahmen für jede Mitarbeiterin erfasst und aufgelistet werden. So haben Sie stets den Überblick darüber, wann Sie wem welche Maßnahme angedeihen lassen müssen.

4.2.1 Ziel und Maßnahmen

Aufgrund der Vielzahl der auf dem Gesundheits- und Pflegemarkt angebotenen Schulungsmaßnahmen kann es ab einer gewissen Betriebsgröße angebracht sein, dass Sie eine Weiterbildungsbeauftrage ernennen, die weitgehend eigenverantwortlich den Aufbau und die Einhaltung eines systematischen Weiterbildungs- und Qualifikationssystem managt. Da gerade Mitarbeiterinnen, die schon länger im Berufsleben stehen, beim Lernen bzw. beim Aufnehmen neuer Inhalte unter Umständen etwas aus der Übung sein können, macht es durchaus Sinn, dass Sie hier im Bedarfsfall Hilfestellungen, etwa zu Lerntechniken oder Zeit- bzw. Selbstmanagement anbieten. Außerdem ist es hilfreich, wenn Sie auch externe Maßnahmen einer Bewertung unterziehen, sodass Sie bei mehreren Anbietern Kriterien für die zukünftige Auswahl vorliegen haben. Der Aufbau eines systematischen

Weiterbildungs- und Qualifikationssystems dient allerdings nicht nur der Einhaltung gesetzlicher Mindeststandards. Vielmehr verfügen Sie über ein taugliches Instrument zur Qualitätssicherung der pflegerischen Arbeit Ihres Pflegedienstes, insbesondere dann, wenn Sie über die gesetzlichen Auflagen hinaus externe Qualifikations- und Weiterbildungsmaßnahmen für Ihre Mitarbeiterinnen anbieten. Nicht zuletzt gelten regelmäßige Weiterbildungsangebote aus Arbeitnehmerinnensicht als Qualitätsmerkmal bei der Wahl des Arbeitsplatzes.

Ziel Ein systematisches Weiterbildungs- und Qualifikationssystem ist etabliert bis zum Tag X, um die gesetzlichen Vorgaben einzuhalten und ein hohe Pflegequalität zu gewährleisten.

Maßnahmen

- Bestehende Qualifikationen der Mitarbeiterinnen eruieren (Examen/Personalakte)
- Mitarbeitergespräche (Weiterqualifikation/Karriereplanung)
- Ernennung einer Weiterbildungsbeauftragen
- Erstellen eines Weiterbildungs- und Qualifikationsregisters, in dem der Qualifikationsstand und der Qualifikationsbedarf aller Mitarbeiterinnen aufgeführt werden
- Schulungen zu Lerntechniken oder Zeit- bzw. Selbstmanagement anbieten
- Anstehende Maßnahmen aushängen, ins Intranet stellen oder anderweitig für Kolleginnen verfügbar machen
- Die betreffenden Mitarbeiter persönlich und schriftlich benachrichtigen
- Verbindlichkeit der Teilnahme deutlich machen
- Erstellen eines Weiterbildungsplans für 12–24 Monate im Voraus
- Weiterbildungsplan aushängen, ins Intranet stellen oder anderweitig für die Kolleginnen verfügbar machen
- Evaluationsbögen für die einzelnen Schulungsmaßnahmen/Anbieter erstellen

4.2.2 Kennzahlen und Checklisten

Kennzahlen

- Anzahl der absolvierten Weiterbildungsmaßnahmen
- Anteil der gesetzlichen Vorgaben und der freiwilligen Maßnahmen
- Anzahl der absolvierten Qualifizierungsmaßnahmen
- Anteil der gesetzlichen Vorgaben und der freiwilligen Maßnahmen
- Qualifikationsprofil der Mitarbeiterinnen vorher und nachher
- Responserate der Rückmeldebögen

Checklisten Erfassen Sie die jeweiligen Kennzahlen in einer entsprechenden Checkliste; als Vorlage können Sie das im Anhang zu diesem Kapitel befindliche Muster verwenden. Dort finden Sie auch die folgend genannten Fragebogen.

4.2.3   Fragebogen

- Fragebogen 2: Fortbildungsbedarf
- Fragebogen 4: Bewertung der Schulungsmaßnahmen

4.2.4   Evaluation

- Auswertung der Kennzahlen
- Auswertung der Checklisten
- Auswertung der Fragebogen

4.3   Aufbau eines professionellen Wissensmanagements (WM)

Ein betriebliches WM ist ein zirkulärer Prozess, der die Identifikation des vorhandenen Wissens (Wissensbilanz) und des benötigten Wissens, sowie den Erwerb von neuem Wissen, die Wissensspeicherung, -überprüfung und -aktualisierung beinhaltet. Sie sollten dafür Sorge tragen, dass eine zeitnahe und umfassende Nutzung des Wissens für alle Pflegekräfte gewährleistet ist. Eine elektronische Wissensdatenbank und EDV-gestützte Informationssysteme, zum Beispiel Wissensportale im organisationseigenen Intranet, bieten sich zumindest ab einer mittleren Betriebsgröße an (vgl.: Remus 2002, S. 182–184).

4.3.1   Ziel und Maßnahmen

Ziel Ein professionelles Wissensmanagement ist etabliert bis zum Tag X, um eine Weitergabe von Wissen innerhalb der Belegschaft zu fördern, einen Verlust von Fachwissen durch personelle Abgänge zu verhindern und pflegerische Arbeit auf neuestem wissenschaftlichen Stand zu ermöglichen.

Maßnahmen

- Bestehende Wissensbilanz in der Belegschaft eruieren (Personalakte, Fragebogen)
- Mitarbeitergespräche (Weiterqualifikation/Karriereplanung)
- Mitarbeiterinnen mit besonderen Fachkenntnissen und/oder fachlich relevanten Interessen ansprechen, ob sie bereit sind, als Expertinnen für bestimmte Themen zu fungieren

- Ernennung einer WM-Beauftragten oder eines WM-Teams
- Erstellen einer „Wissenslandkarte", in der Mitarbeiterinnen und Fähigkeiten mit Angabe von Kontaktmöglichkeiten für Kolleginnen aufgeführt werden
- Wissenslandkarte aushängen, ins Intranet stellen oder anderweitig für Kolleginnen verfügbar machen
- Aufbau eines Wissensportals bzw. einer Wissensdatenbank mit internem und externem Material/Quellen
- Fortbildungsbedarf eruieren (Vorschläge sammeln, Mitarbeiterbefragung etc.)
- Feststellen, welche Themen durch innerbetriebliche Fortbildung geschult werden können
- Schulungen zu Rhetorik und/Präsentation anbieten
- Feststellen, welche Themen durch externe Anbieter geschult werden müssen
- Schulungen zu Lerntechniken oder Zeit- bzw. Selbstmanagement anbieten
- Koordination der Maßnahmen durch WM-Beauftragten
- Weiterbildungspläne aushängen, ins Intranet stellen oder anderweitig für Kolleginnen verfügbar machen
- Eventuelle Verbindlichkeiten für die Teilnahme festlegen
- Ggf. Teilnahmezertifikate erstellen
- Rückmeldungsbogen für Veranstaltungen erstellen
- Mitarbeiterbefragung durchführen

4.3.2   Kennzahlen und Checklisten

Kennzahlen

- Anzahl der gewonnenen Expertinnen
- Anzahl der Weiterbildungs-Veranstaltungen
- Teilnehmerzahlen an den Weiterbildungs-Veranstaltungen
- Anzahl der Kontakte zu Expertinnen
- Anzahl der Zugriffe auf Wissensportal/Wissensdatenbank
- Responserate der Rückmeldebögen
- Responserate der Mitarbeiterbefragung

Checklisten   Erfassen Sie die jeweiligen Kennzahlen in einer entsprechenden Checkliste; als Vorlage können Sie das im Anhang zu diesem Kapitel befindliche Muster verwenden. Dort finden Sie auch die folgend genannten Fragebogen.

4.3.3   Fragebogen

- Fragebogen 1: Fachkenntnisse
- Fragebogen 2: Fortbildungsbedarf
- Fragebogen 4: Bewertung der Schulungsmaßnahmen
- Fragebogen 5: Nutzung des Wissensportals
- Protokollvorlage

4.3.4   Evaluation

- Auswertung der Kennzahlen
- Auswertung der Checklisten
- Auswertung der Fragebogen

4.4   Zwischenfazit

Für Sie als Führungskraft in der ambulanten Pflege bedeutet dies, dass die Projektarbeit zum Handlungsfeld „Kompetenz und Entwicklung" nicht nur eine Qualitätsverbesserung der Pflegearbeit in Ihrem Betrieb (best practice) mit sich bringt, sondern auch eine Motivationssteigerung Ihrer Mitarbeiterinnen. Denn: Durch den Aufbau organisationsinterner Wissensportale und innerbetrieblicher Fortbildungen werden einzelne Beschäftigte zu Expertinnen, die ihr Wissen an andere Pflegekräfte weitergeben. Allerdings sollten Sie für Ihr persönliches Zeitmanagement berücksichtigen, dass der Aufbau eines IBF-Systems, systematischer Weiterbildungs- und Qualifizierungsmaßnahmen oder eines betrieblichen WM eine Leitungsaufgabe darstellt. Diese wird entweder direkt vom Pflege- oder Personalmanagement oder von einer IBF-, Weiterbildungs- bzw. WM-beauftragten übernommen (oder aber an eine andere entsprechend qualifizierte Person delegiert), wobei stets eine kontinuierliche Rückkoppelung mit der Betriebsleitung gewährleistet werden sollte.

Um ein Höchstmaß an Transparenz zu ermöglichen, sorgen Sie dafür, dass alle Schritte, Prozesse und Maßnahmen im Rahmen des Projekts wie auch nach erfolgreicher Umsetzung des jeweiligen Systems in angemessener und für alle Beschäftigten zugänglicher Form dokumentiert und kommuniziert werden. Vorhandene und zukünftig benötigte Kompetenzen sind unter Beteiligung der Belegschaft mittels einer Kompetenzinventur zu ermitteln und gemeinsam ein darauf aufbauender Maßnahmenplan zu entwickeln (vgl. Gerisch und Ostendorf 2010, S. 22–23). Gerade in der ambulanten Pflege ist der Informationsaustausch nicht ganz unproblematisch, da die Pflegekräfte den Großteil ihrer Arbeitszeit vor Ort bei den Kunden verbringen. Daher empfiehlt es sich hier, dass Sie Ihrer Belegschaft einen Aufenthalts- und Pausenraum mit entsprechenden Informationsmöglichkeiten (Mitarbeiterzeitung, Ordner, PC) zur Verfügung stellen und bezahlte Organisationszeiten zum Zwecke der Informationsgewinnung und des Austauschs einführen.

Pflegerinnen, die in einem bestimmten Bereich besondere Kompetenzen besitzen bzw. erworben haben, sind in dem betriebsinternen Kommunikationssystem namentlich als Expertinnen auszuweisen und vorzustellen, sodass kollegiale Anfragen direkt an sie gerichtet, spezielle innerbetriebliche Fortbildungen von ihnen durchgeführt bzw. geleitet und Nachfragen nach externen Schulungsmaßnahmen von ihnen bearbeitet bzw. koordiniert werden können. So stärken Sie in hohem Maße Selbstbewusstsein und Selbstwertgefühl wie auch die Arbeitszufriedenheit Ihrer Pflegekräfte und festigen so die Identifikation mit der Einrichtung bzw. dem Betrieb sowohl bei den Expertinnen als auch bei den Fortbildungsteilnehmerinnen. Insbesondere die Einführung eines professionellen WM ist daher auch als ein Mittel der Mitarbeiterbindung zu verstehen. Schließlich ist ein gut etabliertes WM-System ein Aushängeschild für Ihren Pflegedienst, welches diesen für potenzielle Mitarbeiterinnen attraktiv erscheinen lässt. Dennoch sollten Sie sich nicht dazu verleiten lassen, zu viel Ehrgeiz an den Tag zu legen. Vor allem kleinere Pflegedienste oder solche, die in diesem Bereich noch am Anfang stehen, sind gut damit beraten, zunächst auch klein anzufangen, sprich ein IBF-System zu etablieren oder aber eine systematische Weiterbildung und Qualifizierung für alle Mitarbeiterinnen einzuführen. Wenn dies gut eingespielt ist, können Sie sich daran machen, in Ihrem Pflegedienst ein professionelles Wissensmanagement aufzubauen.

4.5 Mustervorlagen

4.5.1 Fragebogen 1: Fachkenntnisse

Qualifikation:
Alter:
Betriebszugehörigkeit:

Frage	Antwort
Verfügen Sie über besondere berufliche Qualifikationen (Bsp.: Wundmanagement, Umgang mit Dementen)? Wenn ja, welche sind dies?	
An welchen Fortbildungsveranstaltungen haben Sie in den letzten 3 Jahren teilgenommen?	
Haben Sie anderweitige Bildungs- oder Weiterbildungsmaßnahmen oder auch Fachvorträge/Messen besucht? Wenn ja, welche?	
Welche Tätigkeiten interessieren Sie bei Ihrer Arbeit in besonderem Maße?	
Besitzen Sie anderweitige Kenntnisse, die für die ambulante Pflege von Bedeutung sein könnten (Bsp.: Fremdsprachen, PC). Wenn ja, welche?	
Könnten Sie sich vorstellen, Ihr Fachwissen an andere Pflegekräfte weiterzugeben?	
Was könnte Ihnen dabei helfen?	

4.5.2 Fragebogen 2: Fortbildungsbedarf

Qualifikation:
Alter:
Betriebszugehörigkeit:

Frage	Antwort
Worin liegen Ihre Stärken bei der Arbeit?	
In welchen Bereichen fühlen Sie sich eher unsicher?	
Welche Fort- bzw. Weiterbildungen würden Sie sich wünschen, um dies ändern zu können?	
Würden Sie dazu innerbetriebliche Fortbildungsangebote nutzen wollen? Bitte begründen Sie dies kurz.	
Würden Sie externe Veranstaltungen oder Referenten bevorzugen? Bitte begründen Sie dies kurz.	
Welche Fort- und Weiterbildungsbereiche sind Ihrer Ansicht nach für ambulant Pflegende generell wichtig?	
Sind Sie mit dem Fort- und Weiterbildungsangebot Ihres Pflegedienstes zufrieden?	

4.5.3 Fragbogen 3: Rückmeldung IBF-Veranstaltung

Qualifikation:
Alter:
Betriebszugehörigkeit:
Titel der Veranstaltung:
Datum:
Referentin:

Frage	Antwort
Wie hat Ihnen die Veranstaltung gefallen?	Sehr gut gut mittelmäßig schlecht sehr schlecht
Haben Sie das Gefühl, etwas gelernt zu haben, das Sie bei der Arbeit umsetzen können? Wenn ja, was?	
War der zeitliche Rahmen angemessen?	ja nein
War das Lerntempo angemessen?	ja nein
War der Vortrag verständlich und interessant?	ja nein
Hat die Referentin einen kompetenten Eindruck auf Sie gemacht?	ja nein
Gab es genug Zeit für Fragen Ihrerseits?	ja nein
Haben Sie Anregungen für die Zukunft? Wenn ja, welche?	

4.5.4   Fragebogen 4: Bewertung der externen Schulungsmaßnahmen

Qualifikation:
Alter:
Betriebszugehörigkeit:
Titel der Veranstaltung:
Datum:
Referentin:
Ort:

Frage	Antwort
Wie hat Ihnen die Veranstaltung gefallen?	Sehr gut gut mittelmäßig schlecht sehr schlecht
Haben Sie das Gefühl, etwas gelernt zu haben, das Sie bei der Arbeit umsetzen können? Wenn ja, was?	
War der zeitliche Rahmen angemessen?	ja nein
War der Veranstaltungsort angemessen?	ja nein
War das Lerntempo angemessen?	ja nein
War der Vortrag verständlich und interessant?	ja nein
Hat die Referentin einen kompetenten Eindruck auf Sie gemacht?	ja nein
Gab es genug Zeit für Fragen Ihrerseits?	ja nein
Haben Sie Anregungen für die Zukunft? Wenn ja, welche?	

4.5.5 Fragebogen 5: Nutzung des Wissensportals

Qualifikation:
Alter:
Betriebszugehörigkeit:

Frage	Antwort
Kennen Sie unser Wissensportal?	ja nein
Wissen Sie, wie Sie sich dort zurechtfinden können?	ja nein
Wie oft haben Sie im letzten Monat darauf zugegriffen?	
Wie oft innerhalb der letzten drei Monate?	
Hat Ihnen das Wissensportal weitergeholfen?	ja nein
Wenden Sie sich anlassbezogen oder regelmäßig an das Wissensportal?	
Welche drei Themen haben Sie in unserem Wissensportal zuletzt nachgeschlagen?	
Könnten Sie sich vorstellen, aktiv an der Gestaltung des Wissensportals mitzuwirken?	ja vielleicht nein
Sind Sie bereits als Expertin dort vertreten?	ja nein
Finden Sie unser Wissensportal informativ?	ja eher ja eher nein nein
Was könnte Ihrer Ansicht nach verbessert werden?	

4.5.6   Protokollvorlage

Art der Sitzung:
Sitzungsort:
Datum:
Nächster Sitzungstermin:

Anwesende		Funktion/Arbeitsbereich
	Frau Frau Herr Herr . . .	
Themen	TOP 1 TOP 2 TOP 3 . . .	Ergebnisse/Beschlüsse
TOPs Bsp.: Gestaltung Pausenraum	Bearbeitet von… Frau X Herrn Y	Erledigt bis… Konkretes Datum

4.5.7 Muster Checkliste Kennzahlenprüfung

Projektname/Projektgruppe

Kennzahl	Ist-Zustand am.......2013	Ergebnis nach Projektabschluss	Datum	Handzeichen

Literatur

Gerisch, S., & Ostendorf, P. (2010). Nachhaltige Personalpolitik: Mitarbeiterkompetenzen ermitteln und fördern. *Häusliche Pflege, 9,* 20–25.

Lehner, F. (2009). *Wissensmanagement. Grundlagen, Methoden und technische Unterstützung.* München, Wien: Carl Hanser Verlag.

Remus, U. (2002). Prozessorientiertes Wissensmanagement. Konzepte und Modellierung. http:// epub.uni-regensburg.de/9925/1/remusdiss.pdf. Zugegriffen: 21. Dezember 2011.

Scholz, A. M. (2008). Wissensmanagement in der Altenpflege. Der Umgang mit der Ressource Wissen in Pflegeeinrichtungen – eine explorative Untersuchung. http://www.sfs-dortmund.de/odb/ Repository/Publication/Doc%5C1074%5Cbadf_band_160.pdf. Zugegriffen: 02. Februar 2012.

Handlungsfeld 2: Personalgewinnung und Personalbindung

5

Die berufspolitische Imagepflege zielt in erster Linie auf eine Verbesserung des Berufsbildes „Altenpflegerin" bzw. „Altenpfleger" in der allgemeinen Öffentlichkeit. Dem Vorurteil des unterbezahlten und unqualifizierten Handlangers sind detaillierte Informationen über Ausbildung, Aufgabenbereiche sowie Spezialisierungs- und Weiterbildungsmöglichkeiten entgegenzusetzen. Wie im vorherigen Kapitel besprochen, stehen Ihnen als Führungskraft diverse Möglichkeiten zur Verfügung, um in Ihrem Betrieb die Professionalisierung der Pflege voranzutreiben. Wichtig ist jedoch, dass Sie alle Ihre Bemühungen und Fortschritte nicht „im stillen Kämmerlein" ausbaldowern, sondern in angemessenem Umfang nach außen transportieren.

▸ Sorgen Sie für einen guten Ruf Ihres Pflegedienstes! Ihr Ziel sollte es sein, dass Ihr Betrieb im Viertel, in der Stadt, in der Region zu einer der ersten Adressen in der ambulanten Pflege gehört – auch und gerade was die Gunst potenzieller Arbeitskräfte angeht. Machen Sie Ihren Pflegedienst zu einem Markennamen, der aus Arbeitnehmersicht für Top-Konditionen steht, was etwa Betriebsklima, Arbeitsbedingungen, Karriereplanung und Bezahlung angeht.

Vor dem Hintergrund zunehmenden Fachkräftemangels ist für Sie die möglichst langfristige Bindung von Pflegekräften an Ihren Pflegedienst eines der obersten personalpolitischen Gebote. Mitarbeiterbindung beginnt grundsätzlich mit dem ersten Arbeitstag. Legen Sie also größten Wert auf die Entwicklung eines fundierten Einarbeitungskonzepts, welches zu Beginn der Tätigkeit die Betreuung durch erfahrene Kolleginnen ermöglicht. Dadurch gewährleisten Sie nicht nur, dass die Einarbeitung effizienter gestaltet wird, sondern Sie tragen auch wesentlich zu einer nachhaltigen Mitarbeiterbindung bei. Ein weiterer wichtiger Aspekt besteht in der turnusmäßigen Durchführung von Mitarbeitergesprächen. Diese ermöglichen Ihnen einen regelmäßigen fachlichen/professionellen Austausch, etwa die Leistungsbeurteilung oder die Zielvereinbarung. Bauen Sie auf diese Weise ein tragfähiges Vertrauensverhältnis zu Ihren Mitarbeiterinnen auf und beugen Sie Überlastungen

H. Ulatowski, *Zukunftsorientiertes Personalmanagement in der ambulanten (Alten-)Pflege*, 53
DOI 10.1007/978-3-658-01276-2_5, © Springer Fachmedien Wiesbaden 2013

vor, indem Sie sich anbahnende Belastungen oder Probleme Ihrer Pflegekräfte bereits im Vorfelde erkennen und entsprechend reagieren können (vgl. Geldermann 2011, S. 64–66). Außerdem ist es unabdingbar, dass Sie für ein kollegiales und wertschätzendes Betriebsklima sorgen, in dem man füreinander einsteht, auch mal Fehler gemacht werden dürfen und Konflikte konstruktiv gelöst werden. Weiterhin hilfreich kann die Erarbeitung gemeinsamer Zielvorstellungen/eines Leitbildes für die gemeinsame Arbeit zum Wohle der Pflegekunden sein.

Im Anschluss werden Ihnen nun mögliche Modellprojekte vorgestellt, die vor allen Dingen darauf abzielen, Ihre Chancen bei der Rekrutierung neuer Pflegekräfte deutlich zu verbessern. Doch auch hier gilt wieder: seien Sie pragmatisch und realistisch, vermeiden Sie Überforderung durch zu ehrgeizige Zielsetzungen und gehen Sie schrittweise – „step by step" – Ihren Weg. Es ist sinnvoll, wenn Sie von sich aus aktiv werden und sich in Ihrem regionalen und lokalen Umfeld nicht nur als Pflegeinstitution, sondern auch als attraktiver, krisensicherer und zukunftsorientierter Arbeitgeber präsentieren (vgl. dies. 2011, S. 72).

5.1   Entwicklung einer Arbeitgebermarke (Employer Branding)

Aus Ihrer eigenen Erfahrung – etwa als Konsumentin – wissen Sie, dass mit bestimmten Marken oder Markenprodukten wiederum bestimmte (Qualitäts-)Merkmale assoziiert werden. Ziel des Employer Branding ist es nun, den eigenen Betrieb gleichsam zu einer „Marke" zu machen, mit der potenzielle wie auch bereits bei Ihnen angestellte Mitarbeiterinnen nahezu automatisch ein hohes Maß Attraktivität verbinden. Ihr Pflegedienst soll zu einem Betrieb werden, der für Mitarbeiterorientierung, gutes Betriebsklima, gute Arbeitsbedingungen, hohe Qualitätsanforderungen und ansprechende Fortbildungsangebote etc. steht. Dabei ist es zum einen wichtig, dass die genannten Eigenschaften auch tatsächlich zutreffen; zum anderen ist ein hoher Bekanntheitsgrad Ihres Pflegedienstes erforderlich.

5.1.1   Ziel und Maßnahmen

Ziel Der Pflegedienst hat sich bis zum Tag X in seinem regionalen Umfeld als Markenname etabliert, mit dem Pflegekräfte einen attraktiven Arbeitgeber assoziieren.

Maßnahmen

- Implementierung eines professionellen Fort- und Weiterbildungssystems
- Implementierung eines WM-Systems
- Implementierung eines QM-Systems
- Schaffung eines kollegialen Betriebsklimas (Fragebogen)
- Schaffung einer arbeitnehmerfreundlichen Arbeitsorganisation
- Individuelle Arbeitszeitregelungen anbieten (familienfreundlich)

- Entwicklung einer Corporate Identity (Fragebogen)
- Informationsveranstaltungen und Tage der offenen Tür (Fragebogen)
- Kooperation mit den örtlichen Schulen und Arbeitsagenturen (Fragebogen)
- Mitarbeit an Stadtteilkonferenzen und Pflegestützpunkten
- Aktive Einbindung in die örtliche soziale Infrastruktur
- Präsenz bei Straßenfesten und entsprechenden geeigneten lokalen Ereignissen (Fragebogen)
- Werbeanzeigen und Reportagen in der regionalen und lokalen Berichterstattung
- Schnupperpraktika und Praktika anbieten (Fragebogen)
- Anbieten eigener Ausbildungsplätze
- Kontakte zu Hochschulen knüpfen und Teilnahme an wissenschaftlichen Projekten anbieten (Projekt- und Forschungsarbeiten etc.)
- Internetpräsenz einrichten oder optimieren

5.1.2   Kennzahlen und Checklisten

Kennzahlen

- Anzahl der Informationsveranstaltungen
- Anzahl der Veranstaltungen an Schulen
- Anzahl der Veranstaltungen bei der lokalen Arbeitsagentur
- Anzahl der Kontakte innerhalb der lokalen Infrastruktur
- Anzahl der Teilnahme an öffentlichen Veranstaltungen (Straßenfeste etc.)
- Anzahl der Teilnahme an Stadtteilkonferenzen und Pflegestützpunkten
- Anzahl der Werbeanzeigen und Reportagen
- Anzahl der Schnupperpraktika und Praktika
- Anzahl der Ausbildungsplätze in Ihrem Pflegedienst
- Anzahl der Kontakte zu Hochschulen

Checklisten   Erfassen Sie die jeweiligen Kennzahlen in einer entsprechenden Checkliste; als Vorlage können Sie das im Anhang zu diesem Kapitel befindliche Muster verwenden. Dort finden Sie auch die folgend genannten Fragebogen.

5.1.3   Fragebogen

- Fragebogen 1: Informationsveranstaltung/öffentliche Veranstaltungen
- Fragebogen 2: Schulen/Arbeitsagentur
- Fragebogen 3: Betriebsklima/Corporate Identity

5.1.4   Evaluation

- Auswertung der Kennzahlen
- Auswertung der Checklisten
- Auswertung der Fragebogen

Schon allein aufgrund der Durchführung dieses Projekts wird sich Ihr Image als arbeitnehmerfreundlicher Arbeitgeber verbessern. Wenn Sie es einmal geschafft haben und sich auf diesem Feld einen guten Namen gemacht haben, dann werden Pflegekräfte in Ihrem Einzugsgebiet, die sich mit dem Gedanken tragen, zukünftig in der ambulanten Pflege tätig zu werden, vorrangig an Sie wenden. Allerdings können Sie auch davon ausgehen, dass man Ihrem Pflegdienst unter Umständen auch mit einer besonders hohen Erwartungshaltung begegnen wird. Dies sollte Ihnen als Motivation dienen, sich nicht auf dem Erreichten „auszuruhen", sondern auch in diesem Bereich kontinuierliche Qualität oder gar Verbesserungen zu gewährleisten.

5.2   Aufbau einer professionellen Mitarbeiterbindung (Retention Management)

Als Führungskraft in der ambulanten Pflege wissen Sie vermutlich nur zu gut, dass eine hohe Fluktuation von Pflegekräften zu beklagen ist. Dies führt zu Diskontinuitäten in der pflegerischen Versorgung, Störungen im Betriebsklima, „Reibungsverlusten" durch die Einarbeitung neuer Mitarbeiterinnen und unter Umständen zu dem Verlust von Erfahrungen und (Fach-)Wissen der ausgeschiedenen Pflegekräfte. Daher ist es besonders wichtig, dass Sie Ihre Mitarbeiterinnen möglichst dauerhaft an Ihren Pflegedienst binden. Erarbeiten Sie mit einem Projektteam einen Maßnahmenkatalog und achten Sie darauf, dass möglichst auch Leitungs- und Führungskräfte in der Projektgruppe vertreten sind.

5.2.1   Ziel und Maßnahmen

Ziel Der Pflegedienst hat bis zum Tag X eine professionelle Mitarbeiterbindung aufgebaut, um Pflegekräfte nachhaltig und langfristig – möglichst bis zum Eintritt ins Rentenalter – an den Betrieb zu binden.

Maßnahmen

- Implementierung eines professionellen Beschwerdemanagements
- Implementierung eines professionellen Konfliktmanagements
- Implementierung eines professionellen Besprechungswesens (Protokolle)
- Einführung regelmäßiger Mitarbeitergespräche (Fragebogen)

- Einführung regelmäßiger Entwicklungs- und Zielvereinbarungsgespräche
- Implementierung eines professionellen Fort- und Weiterbildungssystems
- Implementierung eines professionellen Einarbeitungskonzepts (Protokolle, Fragebogen)
- Implementierung eines WM-Systems
- Implementierung eines QM-Systems
- Schaffung eines kollegialen Betriebsklimas (Fragebogen)
- Schaffung einer arbeitnehmerfreundlichen Arbeitsorganisation
- Schaffung einer alternsgerechten Arbeitsorganisation (Fragebogen)
- Individuelle Arbeitszeitregelungen anbieten (familienfreundlich)
- Entwicklung einer Corporate Identity (Fragebogen)

5.2.2   Kennzahlen und Checklisten

Kennzahlen

- Anzahl der Mitarbeitergespräche
- Anzahl der Entwicklungs- und Zielvereinbarungsgespräche
- Anzahl der Einarbeitungsprotokolle
- Responserate der Fragebogen
- Anzahl der Teilnehmer an Fort- und Weiterbildungsmaßnahmen
- Anzahl der Besprechungsprotokolle
- Anzahl der arbeitsorganisatorischen Veränderungen
- Inanspruchnahme flexibler Arbeitszeiten

Checklisten Erfassen Sie die jeweiligen Kennzahlen in einer entsprechenden Checkliste; als Vorlage können Sie das im Anhang zu diesem Kapitel befindliche Muster verwenden. Dort finden Sie auch die folgend genannten Fragebogen.

5.2.3   Fragebogen

- Fragebogen 3: Betriebsklima/Corporate Identity
- Fragebogen 4: Mitarbeitergespräche
- Fragebogen 5: Einarbeitung
- Fragebogen 6: Alternsgerechte Arbeitsorganisation

5.2.4   Evaluation

- Auswertung der Kennzahlen
- Auswertung der Checklisten
- Auswertung der Fragebogen

5.3 Öffentlichkeitsarbeit

Öffentlichkeitsarbeit zielt neben der allgemeinen Imageverbesserung der Altenpflege auch auf Maßnahmen ab, die speziell Schulabgängerinnen und/oder Quereinsteigerinnen ansprechen und für eine Ausbildung in der Altenpflege gewinnen sollen. Hier sind natürlich vor allem die Träger der freien Wohlfahrtspflege und größere Unternehmen gefragt, die über die entsprechenden finanziellen und personellen Kapazitäten verfügen, etwa in Form von PR-Abteilungen oder PR-Beauftragten. Jedoch können auch Sie als Leiterin eines Pflegedienstes oder als Führungskraft in der ambulanten Pflege Ihren Beitrag dazu leisten, dass die professionelle Altenpflege in der Öffentlichkeit als vielseitiger, anspruchsvoller und verantwortungsvoller Beruf wahrgenommen wird. Wesentlich wichtiger ist es aber, gerade im Hinblick auf den Fachkräftemangel, den Bekanntheitsgrad Ihres Pflegedienstes in der lokalen/regionalen Öffentlichkeit zu verbessern. Dies bezieht sich sowohl auf Schulen bzw. Schulabgängerinnen als auch auf Mitarbeiterinnen von Arbeitsagenturen. Gelingt es Ihnen, sich dort als kompetente und zuverlässige Partnerin zu positionieren, so haben Sie gute Chancen, Berufseinsteigerinnen, Umschülerinnen, Quer- und Wiedereinsteigerinnen für eine Tätigkeit in Ihrem Pflegedienst zu gewinnen (vgl. Freiling et al. 2010, S. 42).

5.3.1 Ziel und Maßnahmen

Ziel Der Pflegedienst hat bis zum Tag X seinen regionalen bzw. lokalen Bekanntheitsgrad verbessert, um so Schulabgängerinnen als Auszubildende wie auch durch behördliche Vermittlung berufliche Quer- oder Wiedereinsteigerinnen als Pflegekräfte rekrutieren zu können.

Maßnahmen

- Tage der offenen Tür (Fragebogen)
- Informationsveranstaltungen an Schulen
- Teilnahme an Ausbildungsmessen/Workshops
- Kooperation mit den örtlichen Arbeitsagenturen (Fragebogen)
- Teilnahme an Modellprojekten
- Spezielle Angebote/Förderungen für Langzeitarbeitslose eruieren (Maßnahmen der Berufsförderung)
- Spezielle Angebote/Förderungen für den Wiedereinstieg ins Berufsleben eruieren
- Informationsveranstaltungen an Mütterzentren durchführen
- Mitarbeit an Stadtteilkonferenzen und Pflegestützpunkten
- Aktive Einbindung in die örtliche soziale Infrastruktur
- Präsenz bei Straßenfesten und entsprechenden lokalen Ereignissen (Fragebogen)
- Werbeanzeigen und Reportagen in der regionalen und lokalen Berichterstattung
- Schnupperpraktika und Praktika anbieten

- Anbieten von Möglichkeiten der Nachqualifikation (GPA/APH/KPH)
- Anbieten eigener Ausbildungsplätze
- Anlegen eines internen EDV-gestützten Pools an potenziellen Mitarbeitern

5.3.2 Kennzahlen und Checklisten

Kennzahlen

- Anzahl der Informationsveranstaltungen
- Anzahl der Veranstaltungen an Schulen
- Anzahl der Veranstaltungen bei der lokalen Arbeitsagentur
- Anzahl der Kontakte innerhalb der lokalen Infrastruktur
- Anzahl der Teilnahme an öffentlichen Veranstaltungen (Straßenfeste etc.)
- Anzahl der Teilnahme an Stadtteilkonferenzen und Pflegestützpunkten
- Anzahl der Werbeanzeigen und Reportagen
- Responserate seitens der Agenturen
- Anzahl der vermittelten Quer- bzw. Wiedereinsteigerinnen
- Anzahl der Schnupperpraktika und Praktika
- Anzahl der Ausbildungsplätze in Ihrem Pflegedienst

Checklisten Erfassen Sie die jeweiligen Kennzahlen in einer entsprechenden Checkliste; als Vorlage können Sie das im Anhang zu diesem Kapitel befindliche Muster verwenden. Dort finden Sie auch die folgend genannten Fragebogen.

5.3.3 Fragebogen

- Fragebogen 1: Informationsveranstaltung
- Fragebogen 2: Schulen
- Fragebogen 3: Arbeitsagentur
- Fragebogen 4: Öffentliche Veranstaltungen

5.3.4 Evaluation

- Auswertung der Kennzahlen
- Auswertung der Checklisten
- Auswertung der Fragebogen

Im Rahmen eines solchen Projekts fördern Sie nicht nur die Außenwahrnehmung der Altenpflege allgemein und den Bekanntheitsgrad Ihres Pflegedienstes in Ihrem lokalen bzw.

regionalen Umfeld, vielmehr bewirkt die Mitarbeit bei den Projektteilnehmerinnen auch ein verstärktes Bewusstsein für die soziale und gesellschaftliche Relevanz Ihrer Tätigkeit. Das Wissen um die Wichtigkeit des eigenen Tuns führt wiederum zu einer Verbesserung des persönlichen und beruflichen Selbstbildes und kann somit durchaus zu einer verbesserten Arbeitszufriedenheit beitragen.

5.4   Zwischenfazit

Bei der Lektüre dieses Kapitels wird Ihnen aufgefallen sein, dass sich einige Maßnahmen bei verschiedenen Projekten wiederholen. So lassen sich zwischen den Bereichen Mitarbeiterbindung und Rekrutierung sowie der Öffentlichkeitsarbeit immer wieder Überschneidungen finden, die eine strikte Trennung der Bereiche praktisch unmöglich machen. Alle drei Komponenten greifen inhaltlich ineinander und setzen wiederum die erfolgreiche Durchführung anderer Projekte voraus. Dennoch ist festzuhalten, dass vor allem die Öffentlichkeitsarbeit nicht nur auf den einzelnen Pflegedienst, sondern auch auf die (ambulante) Pflege generell bezogen werden kann. Es lässt sich schließlich nicht leugnen, dass die Pflegeberufe insgesamt für Schulabgänger von eher geringer Attraktivität sind. Für die Altenpflege gilt dies in besonderem Maße, da sie im Vergleich zur Krankenpflege ein wesentlich geringeres berufliches Ansehen genießt: „Der Krankenpflege wird ein höherer Status zugeschrieben aufgrund ihrer Nähe zum medizinischen Bereich. So wird bei der Berufswahl die Krankenpflege der Altenpflege häufig vorgezogen (…). Krankenpfleger/innen verfügen zum Teil über ein höheres Einkommen und haben die Möglichkeit auch im Bereich der Altenpflege tätig zu sein, während dies umgekehrt oft nicht geschieht" (Joost 2007, S. 5).

Das vornehmliche Ziel der Öffentlichkeitsarbeit besteht somit darin, den Altenpflegeberuf für Schulabgänger und Quereinsteiger attraktiver zu machen. Dies lässt sich auf mehreren miteinander korrespondierenden Ebenen in Angriff nehmen. So sind einer möglichst breiten Öffentlichkeit Arbeitsinhalte und Aufgabenfelder in der Altenpflege zu vermitteln, wobei Verbesserungspotenziale nicht verschwiegen, bereits erzielte Fortschritte jedoch auch entsprechend gewürdigt werden sollten. Politische und betriebliche Projekte umfassen neben praktischer und gezielter Förderung von Ausbildungs- und Umschulungsmaßnahmen auch PR-Veranstaltungen, wie etwa Tage der offenen Tür, und die Einbindung in die soziale Infrastruktur des Stadtteils bzw. der Region, um eine möglichst optimale Vernetzung und einen zuverlässigen Informationsfluss zu erreichen.

▸   **Tipp** Als Leiterin eines ambulanten Pflegedienstes oder als Führungskraft in der ambulanten Pflege können Sie durchaus auch Imagepflege für den Altenpflegeberuf betreiben. Diese stellt darauf ab, Vorurteile und Vorbehalte abzubauen und berufliche Realität sowie zukünftige Potenziale der Altenpflege transparent zu machen. Wichtig ist weiterhin, dass Sie eine professionelle und qualifizierte Begleitung von Berufsanfängern bzw. von Quereinsteigern in Ihrem Betrieb gewährleisten, um deren dauerhaften Verbleib im Team zu fördern,

und dass Sie dies auch nach außen hin entsprechend darstellen (weiter dazu: Paritätischer Wohlfahrtsverband Landesverband Baden-Württemberg e. V.
(Hrsg.) 2011: Dritt-Sektor-Qualifizierung in der Altenhilfe, www.equal-altenhilfe.
de/files/Qualifizierung\ignorespacesAltenhilfe/AP_03/AP_03.pdf)

5.5 Mustervorlagen

Fragbogen 1: Rückmeldung zu der Informations-Veranstaltung
Alter:
Beruf:
Veranstaltungsort:
Datum:
Referentin:

Frage	Antwort
Wie hat Ihnen die Veranstaltung gefallen?	sehr gut gut mittelmäßig schlecht sehr schlecht
Haben Sie das Gefühl, etwas über den Altenpflegeberuf gelernt zu haben?	ja nein
War der zeitliche Rahmen angemessen?	ja nein
War der Vortrag verständlich und interessant?	ja nein
Können Sie sich vorstellen, zukünftig im sozialen Bereich zu arbeiten?	ja nein
Können Sie sich vorstellen, zukünftig in der Altenpflege zu arbeiten?	ja nein
Bitte begründen Sie die obige Antwort kurz.	
Gab es genug Zeit für Fragen Ihrerseits?	ja nein
Haben Sie Anregungen für die Zukunft? Wenn ja, welche?	

Fragebogen 2: Schulen/Arbeitsagentur
Alter:
Zurzeit/zuletzt besuchte Schule:
oder
Zurzeit/zuletzt ausgeübte Berufstätigkeit:

Frage	Antwort
Worin liegen Ihre Stärken bei der Arbeit/ in der Schule?	
Was sind Ihre beruflichen Interessen? In welchem Sektor würden Sie gern tätig werden?	
Welche Aus- bzw. Weiterbildungen würden Sie sich wünschen, um dies erreichen zu können?	
Wie wichtig ist Ihnen Ihre persönliche Karriereplanung bzw. Ihre berufliche Weiterentwicklung?	sehr wichtig wichtig eher nicht wichtig unwichtig
Welche der folgenden Aspekte sind Ihnen in Ihrem (späteren) Beruf besonders wichtig? Bitte ankreuzen (auch Mehrfach- nennungen sind möglich):	eigenverantwortliches Arbeiten etwas Sinnvolles tun anderen helfen Abwechslung Herausforderung Kreativität Geld verdienen Sozialprestige Spaß bei der Arbeit sicherer Arbeitsplatz
Welche Erfahrungen/Berührungspunkte haben Sie bislang mit der Altenpflege gehabt?	
Würden Sie gern ein Praktikum in der Altenpflege bzw. Altenbetreuung absolvieren? Falls ja, wie können wir Sie erreichen?	

Fragebogen 3: Betriebsklima/Corporate Identity
Qualifikation:
Alter:

Fragen	Antworten
Wie schätzen Sie das Betriebsklima in Ihrem Pflegedienst ein?	sehr gut gut mittelmäßig schlecht sehr schlecht
Gibt es in Ihrem Pflegedienst eine organisierte Mitarbeitervertretung/einen Betriebsrat?	ja nein
Können Sie sich bei Bedarf auf die Unterstützung durch Ihre Kolleginnen verlassen?	immer meistens manchmal selten nie
Können Sie sich bei Bedarf auf die Unterstützung durch Ihre Vorgesetzten verlassen?	immer meistens manchmal selten nie
Werden in Ihrem Pflegedienst die Bedürfnisse und die Interessen der Mitarbeiter berücksichtigt?	ja eher ja eher nein nein
Werden auftretende Konflikte konstruktiv gelöst?	ja eher ja eher nein nein
Wie wird seitens der Kolleginnen auf Fehler reagiert?	
Wie wird seitens der Vorgesetzten auf Fehler reagiert?	
Werden Sie nach außen hin von Ihren Vorgesetzten unterstützt – etwa Klienten oder Angehörigen gegenüber?	ja eher ja eher nein nein
Besteht in Ihrem Pflegedienst ein gutes Zusammengehörigkeitsgefühl?	ja eher ja eher nein nein
Gibt es ein „Firmen-Logo", an dem Ihr Pflegedienst zu erkennen ist?	ja nein
Gibt es Arbeitskleidung (Bsp. Sweat-Shirts, T-Shirts, Jacken)	ja nein

Fragebogen 4: Mitarbeitergespräche
Qualifikation:
Alter:
Betriebszugehörigkeit:

Frage	Antwort
Finden in Ihrem Pflegedienst regelmäßig Mitarbeitergespräche statt?	ja nein
Fühlen Sie sich bei diesen Gesprächen von Ihren Vorgesetzten ernst genommen?	ja größtenteils teilweise wenig nein
Ist der zeitliche Rahmen dieser Gespräche angemessen?	ja nein
Sind die räumlichen Gegebenheiten angemessen (z.b. ungestört)?	ja nein
Werden Ihre Anliegen und Ihre (beruflichen) Pläne nachhaltig berücksichtigt?	ja größtenteils teilweise wenig nein
Werden Sie von Ihren Vorgesetzten bei Ihrer Karriereplanung unterstützt?	ja größtenteils teilweise wenig nein
Können Sie im Rahmen dieser Gespräche Probleme offen ansprechen?	ja größtenteils teilweise wenig nein
Werden die Gespräche schriftlich protokolliert?	na nein
Wenn ja, wer hat Zugang zu diesen Protokollen?	

Fragebogen 5: Einarbeitung
Qualifikation:
Alter:
Eintrittsdatum:

Frage	Antwort
Sind Sie nach einem Einarbeitungskonzept in Ihre Tätigkeit eingeführt worden?	ja nein
Wenn ja, fühlen Sie sich dadurch in angemessener Weise auf Ihre zukünftige Tätigkeit vorbereitet?	ja größtenteils teilweise wenig nein
Waren Sie mit der Betreuung durch die zuständige Führungskraft zufrieden?	ja nein
Waren Sie mit der Betreuung/Anleitung durch Ihre Patin zufrieden?	ja nein
Könnten Sie sich vorstellen, zu einem späteren Zeitpunkt ebenfalls die Patenschaft für eine neue Kollegin zu übernehmen?	ja vielleicht nein
Was ist Ihnen an Ihrer Einarbeitung positiv aufgefallen?	
Was können wir bei der Einarbeitung neuer Kolleginnen in Zukunft besser machen?	

Fragebogen 6: Alternsgerechte Arbeitsorganisation

Qualifikation:

Alter:

Betriebszugehörigkeit:

Frage	Antwort
Haben Ihre Vorgesetzten ein Bewusstsein für die besonderen Bedürfnisse älterer Pflegekräfte (50+ Jahre)?	ja größtenteils teilweise wenig nein
Haben Ihre Kolleginnen ein Bewusstsein für die besonderen Bedürfnisse älterer Pflegekräfte (50+ Jahre)?	ja größtenteils teilweise wenig nein
Werden diese Bedürfnisse von Ihren Vorgesetzten bei der Arbeitsorganisation berücksichtigt?	ja nein
Wenn ja, wie sieht dies aus? Welche Regelungen gibt es?	
Werden diese Bedürfnisse von Ihren Kolleginnen berücksichtigt?	ja nein
Wenn ja, in welcher Form?	
Werden Erfahrungen und (Fach-)Wissen der Älteren in Ihrem Pflegedienst ernst genommen?	ja größtenteils teilweise wenig nein
Können ältere Pflegekräfte ihre Erfahrungen und ihr Wissen an jüngere Kolleginnen weiter geben?	
Wenn ja, in welcher Form?	
Was könnte Ihrer Ansicht nach verbessert werden?	

Protokollvorlage
Art der Sitzung:
Sitzungsort:
Datum:
Nächster Sitzungstermin:

Anwesende		Funktion/Arbeitsbereich
	Frau	
	Frau	
	Herr	
	Herr	
	.	
	.	
	.	
Themen	TOP 1	**Ergebnisse/Beschlüsse**
	TOP 2	
	TOP 3	
	.	
	.	
	.	
TOPs	**Bearbeitet von…**	**Erledigt bis…**
Bsp.: Gestaltung	Frau X	Konkretes Datum
Pausenraum		
	Herrn Y	

Muster Checkliste Kennzahlenprüfung Projektname/Projektgruppe

Kennzahl	Ist-Zustand am.......2013	Ergebnis nach Projektabschluss	Datum	Handzeichen

Literatur

Freiling, T., Geldermann, B., & Töpisch, K. (2010). *Handlungsfelder zur Gestaltung einer demografiefesten Personalpolitik in der Altenpflege.* Bielefeld: Verlag W. Bertelsmann.

Geldermann, B. (2011). Methoden und Instrumente einer demografiefesten Personalpolitik. In Loebe, & Severing (Hrsg.), *Zukunftsfähig im demografischen Wandel* (S. 64–66). Bielefeld: Verlag W. Bertelsmann.

Initiative Neue Qualität der Arbeit. (2012). Handlungshilfe. Die Mitarbeiter stark machen: Ein Qualifizierungsprogramm für alle Gesundheitsbereiche hilft mit Belastungen besser umgehen zu können. http://www.inqa.de/Inqa/Navigation/Gute-Praxis/datenbank-gute-praxis,eDid=6571. html. Zugegriffen: 23. März 2012.

Joost, A. Dr. (2007). Berufsverbleib und Fluktuation von Altenpflegerinnen und Altenpflegern. http//: www.iwak-frankfurt.de/documents/Berufsverbleib.pdf. Zugegriffen: 02. Juni 2011.

Paritätischer Wohlfahrtsverband Landesverband Baden-Württemberg e.V. (Hrsg.) (2011). Dritt-Sektor-Qualifizierung in der Altenhilfe. http://www.equal-altenhilfe.de/files/ QualifizierungAltenhilfe/AP_03/AP_03.pdf. Zugegriffen: 29. September 2011.

Handlungsfeld 3: Führung und Unternehmenskultur

In diesem Kapitel werden Ihnen Modellprojekte zu dem Bereich „Führung und Unternehmenskultur" vorgestellt. Wie bereits erläutert, kommt gerade diesem Handlungsfeld ein zentraler Stellenwert zu. Als Führungskraft eines Pflegedienstes haben Sie maßgeblichen Einfluss auf die Gestaltung der anderen Handlungsfelder der Personalpolitik. So können Sie etwa Projekte ins Leben rufen, Fortbildungsmaßnahmen und Weiterbildungsangebote unter Berücksichtigung der gesetzlichen Rahmenbedingungen initiieren, den Aufbau eines professionellen Kommunikationsmanagements oder Wissensmanagements anregen, die Entwicklung eines Leitbildes anstoßen und lenken oder aber durch die sachgerechte Nutzung von Marketingstrategien und Öffentlichkeitsarbeit die Außenwirkung sowie durch die Einführung einer mitarbeiterfreundlichen Arbeitsplatz- bzw. Arbeitszeitgestaltung die Innenwirkung Ihres Pflegedienstes entscheidend beeinflussen.

Gerade wegen der berufsspezifischen physischen und psychischen Belastungen sind Pflegekräfte in erheblichem Maße auf kollegialen Rückhalt und auf die Unterstützung durch eine professionelle Führung angewiesen, wie beispielweise die Ergebnisse der NEXT-Studie (Nurses Early Exit Study) unter Pflegenden in Krankenhäusern und Pflegeheimen zeigen (vgl. Simon et al. 2005, S. 55). Auch ambulant Pflegende geben an, maßgeblich von Rückhalt, Unterstützung und positivem Feedback durch Vorgesetzte zu profitieren (vgl. Ulatowski 2011, S. 29–30). Die Anforderungen und Erwartungen der Pflegenden an die jeweiligen Führungskräfte variieren jedoch je nach Alter, Geschlecht und kulturellem Hintergrund. So hat zum Beispiel der jeweilige Führungsstil für ältere Beschäftigte eine größere Relevanz als für jüngere (vgl.: Gerisch et al. 2010, S. 47).

> ▶ Als Führungskraft müssen Sie daher die verschiedenen Erwartungen und Bedürfnisse Ihrer Mitarbeiter wahrnehmen und im Sinne einer generations- und kulturübergreifenden Personalführung handeln.

Nichtsdestotrotz sind generell bestimmte Faktoren für die Implementierung eines mitarbeiterorientierten Führungsstils von maßgeblicher Bedeutung:

H. Ulatowski, *Zukunftsorientiertes Personalmanagement in der ambulanten (Alten-)Pflege*, DOI 10.1007/978-3-658-01276-2_6, © Springer Fachmedien Wiesbaden 2013

Einführung flacher hierarchischer Strukturen	Beachtung der Mitarbeiterbedürfnisse und Partizipation	Kommunikation und Motivation
• kein autoritärers Führungsverhalten • Klarheit der Aufgaben • Vermeidung eines Klimas des Misstrauens • Delegation von Planungs- und Kontrollfunktionen an Mitarbeiter • Konstruktiver Umgang mit Fehlern • Vorgesetztenbeurteilung	• für Akzeptanz, Wohlbefinden und Identität sorgen • Mitarbeiter an Entscheidunges-und Veränderungsprozessen beteiligen • Innerbetriebliches Vorschlagswesen • Vorgesetztenbeurteilung	• Eigenverantwortung der Mitarbeiter stärken • soziale Moderation durch Führungskräfte • Leitbildorientierung bei Mitarbeitern und Führungskräften verankern • Corporate Identity • Personalentwicklung • Vorgesetzenbeurteilung

Abb. 6.1 Grundlagen mitarbeiterorientierten Führung (Quelle: eigene Darstellung, Datenmaterial: Frodl 2011, S. 59)

Im Folgenden werden, in Anlehnung an die in Abb. 6.1 dargestellten Grundlagen einer mitarbeiterorientierten Führung, zu den einzelnen thematischen Bereichen Modellprojekte aufgezeigt. Hierbei handelt es sich gewissermaßen um „Vorlagen", die Sie jeweils individuell an Ihren Pflegedienst anpassen können. Außerdem werden Ihnen einige Fragebogen zu Mitarbeiterbefragung, Vorgesetztenbeurteilung und Klientenbefragung vorgestellt. Auch hier können Sie individuell nach den Gegebenheiten und dem Bedarf Ihres Pflegedienstes eine entsprechende Auswahl treffen. Allerdings kann es durchaus sinnvoll sein, schon vor Projektbeginn eine Mitarbeiterbefragung durchzuführen, gleichsam als Ermittlung des Ist-Zustands, auch wenn dies einen zusätzlichen Arbeitsaufwand bedeutet. Nicht zuletzt sei darauf hingewiesen, dass bei den Modellprojekten hinsichtlich der „möglichen Maßnahmen" nicht immer eine scharfe inhaltliche Trennung sinnvoll und realisierbar ist, sodass es zwischen den einzelnen thematischen Bereichen hin und wieder zu Überschneidungen kommt.

6.1   Einführung flacher Hierarchien

Starre Hierarchien und ein autoritärer Führungsstil haben mittlerweile ausgedient, da so vorhandene und potenzielle Mitarbeiterinnen und Mitarbeiter demotiviert werden, ihre Identifikation mit dem jeweiligen Aufgabenbereich blockiert und ihre Bindung an den Arbeitgeber nicht eben gefördert wird (vgl. List 2010, S. 61–62). Demgegenüber werden Sie als Führungskraft in der ambulanten Alten- und Krankenpflege mit einem kollegialen, leitbildorientierten und motivierenden Führungsstil, etwa nach dem Konzept der transformationalen Führung, den Bedürfnissen von Klienten und Pflegekräften gerecht (vgl.: Geldermann 2011, S. 66–67). Von daher ist es sinnvoll, wenn Sie in Ihrem Pflegedienst auf die Einführung flacher Hierarchien hinarbeiten. Machen Sie nicht den Fehler, zu viel auf einmal verändern zu wollen. Im Folgenden wird Ihnen ein Modellprojekt vorgestellt, das sich zunächst auf die Abschaffung starrer Hierarchien und die Einführung eines kooperativen Führungsstils beschränkt. Leitbildorientierung und Mitarbeitermotivation werden an anderer Stelle aufgegriffen.

6.1.1 Ziel und Maßnahmen

Ziel Starre Hierarchien sind abgeschafft am Tag X, um so einen kooperativen Führungsstil zu implementieren.

Maßnahmen

- Klare Definition der Aufgaben der einzelnen Mitarbeiter
- Stärkung der Eigenverantwortlichkeit der Mitarbeiter
- Delegation von Kontroll- und Planungsaufgaben von Führungskräften an Mitarbeiter (im Rahmen der jeweiligen Aufgabengebiete)
- Durchführung von PE-Maßnahmen für die Mitarbeiter (Verantwortung, Leitungskompetenz)
- Durchführung von Schulungsmaßnahmen für Führungskräfte (kein autoritärer Führungsstil)
- Einführung von regelmäßigen Besprechungen zwischen den einzelnen Führungsebenen
- Durchführung einer Vorgesetztenbeurteilung
- Durchführung einer Mitarbeiterbefragung
- Schaffung eines vertrauensvollen und kollegialen Betriebsklimas („Fehlerkultur")
- Implementierung eines wertschätzenden Umgangs mit den Mitarbeitern

Legen Sie gemeinsam mit Ihren Mitarbeitern fest, wer wann wo was zu tun hat, um so gut definierte Aufgabenbereiche für jede Pflegekraft zu erhalten. Dies schafft Sicherheit, Klarheit und verhindert Kompetenzstreitigkeiten. Einigen Sie sich beispielsweise verbindlich darauf, wer für welchen Klienten zuständig ist, wer die Wundversorgung (Wundmanagement), wer die Pflegeberatung nach § 7a SGB XI durchführt oder wer quartalsweise die Besorgung neuer Verordnungen übernimmt, und halten sie dies schriftlich fest.

▶   **Tipp** Durch die Delegation von Führungsaufgaben befähigen Sie Ihre Mitarbeiter dazu, innerhalb ihrer Aufgabenbereiche Verantwortung und Entscheidungen zu übernehmen. Hierunter fällt nicht nur die eigenverantwortliche Erarbeitung von Pflegeassessment und Pflegeplanung sowie die entsprechende Evaluation, sondern unter Umständen auch die wechselseitige Durchführung von

Pflegevisiten. Ein solches Empowerment setzt natürlich Schulungsmaßnahmen voraus, um Pflege- und Leitungskräfte gleichermaßen mit den erforderlichen Kompetenzen auszustatten. Der Austausch zwischen den verschiedenen Führungsebenen Einsatzleitung, Teamleitung, Pflegedienstleitung, Einrichtungsleitung und ggf. Einrichtungsträger ermöglicht eine kooperative Führung in einem Leitungsteam.

Ein positives Betriebsklima fördern Sie zum einen durch einen konstruktiven und offenen Umgang mit Fehlern, die letztlich als Möglichkeit der Problemerkennung und als Chance zur Verbesserung der Pflegequalität aufgefasst werden können. Zum anderen ist jedem Mitarbeiter grundsätzlich zu vermitteln, dass er als Mensch wichtig ist und als Person wertgeschätzt wird. Dies bedeutet auch, Eigenarten und Besonderheiten wahrzunehmen, den persönlichen Kontakt zu halten und sich für die Belange des Mitarbeiters zu interessieren.

Beispiel

So lassen sich etwa Geburtstage leicht im PC speichern und wenn eine Mitarbeiterin an ihrem Geburtstag oder am Tag danach ins Büro kommt, um die Schlüssel für ihre Tour abzuholen, sollten die persönliche Gratulation durch die Vorgesetzte und eine kleine Aufmerksamkeit selbstverständlich sein.

6.1.2 Kennzahlen und Checklisten

Kennzahlen
- Teilnahme an Schulungsmaßnahmen (Mitarbeiter und Führungskräfte)
- Anzahl der „Fehlermeldungen"
- Anzahl der durchgeführten PE-Maßnahmen
- Anzahl der Besprechungen auf Leitungsebene
- Responserate der Mitarbeiterbefragung
- Responserate Vorgesetztenbeurteilung

Checklisten Erfassen Sie die jeweiligen Kennzahlen in einer entsprechenden Checkliste; als Vorlage können Sie das im Anhang zu diesem Kapitel befindliche Muster verwenden. Dort finden Sie auch die folgend genannten Fragebogen.

6.1.3 Fragebogen

- Fragebogen 1: Mitarbeiterbefragung – Hierarchie
- Fragebogen 5: Vorgesetztenbeurteilung

6.1.4 Evaluation

- Auswertung der Kennzahlen
- Auswertung der Checklisten
- Auswertung der Fragebogen

6.2 Beachtung der Mitarbeiterbedürfnisse/Partizipation

Pflegekräfte schätzen an ihren Vorgesetzten Team- und Kommunikationsfähigkeit, Ehrlichkeit, Empathie und individuelle Unterstützung. Zudem gibt es generelle Erwartungen an Führungskräfte in der Pflege, die vor allem einen „flexiblen und fürsorglichen Manager" charakterisieren (vgl.: DBfK/SBK ASI 2009, S. 20). Mitarbeiter wollen zudem an Veränderungs- und Entscheidungsprozessen mitwirken. Nicht zuletzt ist die Pflegekraft vor Ort mit ihrem Fachwissen aus der Praxis eine wichtige Expertin und kann so möglicherweise zielführende Impulse für Entscheidungen und Innovation liefern.

6.2.1 Ziel und Maßnahmen

Ziel Partizipation und Mitbestimmung der Mitarbeiter an Veränderungs- und Entscheidungsprozessen wird realisiert bis zum Tag X, um eine hohe Akzeptanz von betrieblichen Veränderungen sowie eine erhöhte Mitarbeiterbindung an den Pflegedienst zu erreichen.

Maßnahmen

- Einführung eines Innerbetrieblichen Vorschlagwesens (IBV)
- Einbeziehung von Mitarbeitervertretern bei allen anstehenden oder potenziell infrage kommenden Veränderungen
- Durchführung von Schulungsmaßnahmen für Führungskräfte (Change Management)
- Durchführung von Mitarbeiterfortbildung hinsichtlich anstehender Veränderungen (z. B. EDV, Technik, Arbeitsabläufe, Abrechnung, Dokumentation etc.)
- Durchführung regelmäßiger und verpflichtender Dienstbesprechungen
- Durchführung regelmäßiger und verpflichtender Mitarbeitergespräche
- Durchführung von Zielvereinbarungsgesprächen
- Einführung multiprofessioneller Arbeitsgruppen unter Beteiligung aller Hierarchieebenen, in denen Veränderungen und Innovationspotenzial des Pflegedienstes diskutiert werden
- Durchführung einer Mitarbeiterbefragung

Ein professionelles IBV lässt sich hervorragend in ein bestehendes QM-System einpflegen. Den Mitarbeitern wird durch das IBV ein Gefühl der Selbstwirksamkeit gegeben, was durchaus motivierend wirkt. Eine Pflegekraft, die für sich eine realistische Chance der Mit-, Um- oder Neugestaltung ihres Wirkungsbereiches sieht, wird ihrer Arbeit mit mehr Engagement nachgehen als eine Pflegerin, die sich selbst als macht- und einflusslos erlebt.

Wenn Sie als Führungskraft anstehende Entscheidungen und/oder Veränderungen mit den Mitarbeitern gemeinsam treffen bzw. abstimmen, haben Sie diesbezüglich „Rückendeckung" und können sich auf eine breite Unterstützung bei Innovationen oder Entscheidungen stützen. Außerdem erhalten Sie so die Möglichkeit, das gesamte fachliche, innovative und intellektuelle Potenzial Ihrer Mitarbeiter zu nutzen. Veränderungen lösen oftmals Ängste aus. Insbesondere dann, wenn die betreffenden Mitarbeiter sich unsicher und „unwissend" fühlen. Dem können Sie durch das Angebot spezifischer Fort- und Weiterbildungsmaßnahmen entgegenwirken. So sind z. B. Frauen in den mittleren Jahren häufig ungeübt und daher ablehnend was den Umgang und die Arbeit mit dem PC angeht. Um derartige Ängste abzubauen, kann es hilfreich sein, eine entsprechende und möglichst nicht von einem smarten jungen Mann, sondern von einer Frau geleitete Schulung anzubieten.

In diesem Zusammenhang sei explizit auf den zunehmenden Gebrauch von „Pocket PCs" in der ambulanten Pflege verwiesen. Diese mit entsprechender Software bestückten Geräte können per Dateneingabe vor Ort bei den Klienten alle relevanten Abrechnungseinheiten erfassen. Im Büro werden sie an den dortigen PC angeschlossen und die Daten in das Abrechnungssystem eingespeist. Dies bedeutet eine erhebliche Zeit- und Arbeitsersparnis im Verwaltungsbereich. Viele Pflegekräfte stehen dem System allerdings kritisch gegenüber, da sie eine weitere Kürzung der Pflegezeiten und eine lückenlose Überwachung ihrer Tätigkeit fürchten. Hier ist es an Ihnen durch Aufklärung und Schulung den Mitarbeitern zu vermitteln, dass – sofern ein solches System für Ihren Pflegedienst sinnvoll ist – dessen Einsatz eine deutliche Kostenersparnis und somit eine verbesserte Wettbewerbsfähigkeit des Pflegdienstes mit sich bringt, wovon schließlich alle Mitarbeiter profitieren – Stichwort: Arbeitsplatzsicherheit! Außerdem können etwaige finanzielle Einsparungen beziffert und, z. B. durch die Anschaffung eines Massagesessels, wiederum zum Wohle der Mitarbeiter eingesetzt werden.

Beispiel

Mit Zielvereinbarungsgesprächen können Sie auf individueller Ebene mit dem betreffenden Mitarbeiter dessen persönliche Ziele und Vorstellungen besprechen und diese im Idealfall mit den Zielsetzungen Ihres Pflegedienstes in Einklang bringen. So lässt sich etwa der Wunsch eines Mitarbeiters, zukünftig mehr Zeit mit der Dementenbetreuung zu verbringen und dementsprechend seine Kompetenzen zu erweitern, sehr gut mit dem vom Pflegedienst geplanten Angebot eines betreuten „Dementen-Cafés" an ein bis zwei Nachmittagen pro Woche zur Entlastung pflegender Angehöriger vereinbaren.

6.2.2 Kennzahlen und Checklisten

Kennzahlen

- Anzahl der Vorschläge
- Teilnahme an den Fortbildungen
- Teilnahme an den Arbeitsgruppen
- Anzahl der gemeinschaftlich umgesetzten Innovationen
- Anzahl der Dienstbesprechungen
- Anzahl der Mitarbeitergespräche
- Anzahl der Zielvereinbarungsgespräche
- Anzahl der Sitzungen von Leitung und Mitarbeitervertretungen
- Responserate der Mitarbeiterbefragung

Checklisten Erfassen Sie die jeweiligen Kennzahlen in einer entsprechenden Checkliste; als Vorlage können Sie das im Anhang zu diesem Kapitel befindliche Muster verwenden. Dort finden Sie auch die folgend genannten Fragebogen.

6.2.3 Fragebogen

- Fragebogen 2: Mitarbeiterbefragung – Bedürfnisse/Partizipation

6.2.4 Evaluation

- Auswertung der Kennzahlen
- Auswertung der Checklisten
- Auswertung der Fragebogen

6.3 Kommunikation

Da Kommunikation und Motivation zwei wesentliche Führungsinstrumente darstellen (vgl.: Frodl 2011, S. 53), kommt diesem Bereich eine besondere Relevanz zu. Von daher werden Ihnen hier zwei verschiedene Modellprojekte vorgestellt, die sich einmal auf den Aspekt der Kommunikation und zum anderen Mal auf den der Motivation beziehen. Als Führungskraft in der Pflege müssen Sie in zunehmendem Maße Beziehungsarbeit und Beziehungsmanagement leisten (vgl. List 2010, S. 67–73). Gerade in der ambulanten Pflege ist ein funktionsfähiges und professionelles Kommunikationsmanagement von großer Bedeutung, da der direkte, alltägliche Austausch zwischen Kollegen sowie zwischen Mitarbeitern und Vorgesetzten durch die räumliche Trennung der Arbeitsbereiche erheblich erschwert wird. Die Pflegekräfte verbringen den überwiegenden Teil ihrer Arbeitszeit in der Regel allein vor Ort bei den Klienten, die Einsatz- und Pflegedienstleitungen hingegen in den Räumlichkeiten des ambulanten Pflegedienstes.

6.3.1 Ziel und Maßnahmen

Ziel Ein professionelles Kommunikationsmanagement wird etabliert bis zum Tag X, um den Austausch zwischen Pflege- und Führungskräften sowie zwischen den Kolleginnen und Kollegen des Pflegedienstes zu sichern.

Maßnahmen

- Regelmäßige Durchführung von Dienstbesprechungen
- Regelmäßige Durchführung von Mitarbeitergesprächen
- Beschwerdemanagement und Vorschlagswesen
- Einrichtung eines Treffpunkts/Pausenraums
- Einführung EDV-gestützter Kommunikationssysteme
- Erfahrungsaustausch zwischen Jung und Alt fördern (Tandems bilden)
- Regelmäßige und individuelle Rückmeldung durch Vorgesetzte
- Durchführung einer Mitarbeiterbefragung

> **Tipp** Von besonderer Bedeutung ist hier nach Ansicht der Verfasserin die Schaffung eines Pausen- bzw. Aufenthaltsraums für die Pflegekräfte. Hier sollten Sie Getränke und Obst kostenfrei bereitstellen. Viele ambulant Pflegende treffen sich, wenn sie z. B. eine „Lücke" im Dienstplan haben, im Café oder beim Bäcker etc. Dort lassen sich jedoch keine Gespräche über Probleme mit Klienten führen, ohne Verstöße gegen die Schweigepflicht zu riskieren. Außerdem kostet es Geld. Wenn Sie Ihren Mitarbeitern hier eine attraktive Räumlichkeit nebst „Verköstigung" zur Verfügung stellen, hat dies für beide Seiten Vorteile. Sie erreichen damit, dass die Kollegen sich auch außerhalb ihrer „Cliquen" austauschen und dass ein besserer Kontakt zu den Leitungskräften ermöglicht wird. Die räumliche Nähe lädt zudem neben dem informellen Informationsaustausch auch zum zwanglosen „Small talk" zwischen Pflege- und Führungskräften ein, was sich positiv auf das persönliche Verhältnis und das wechselseitige Verständnis auswirkt. Den Pflegekräften wird nicht zuletzt so bewusst, dass die Leitung nicht nur im warmen und trockenen Büro sitzt, sondern dort auch durchaus arbeitet.

Um eine kontinuierliche Rückmeldung an das Team zu gewährleisten, führen Sie Dienstbesprechungen (DB) mit Teilnahmeverpflichtung ein. So lässt sich auch ein bestimmter Informationsstand bei allen Mitarbeitern erreichen. Die Protokolle der DB sind allen Mitarbeiterinnen zugänglich zu machen, etwa durch Deponieren in den Mitarbeiterfächern, und sind ebenfalls verbindlich zu lesen. Es empfiehlt sich, diesbezüglich eine „Gelesen"-Liste anzufertigen, auf der die Mitarbeiter per Handzeichen bestätigen, dass sie das jeweilige Protokoll gelesen haben. So kann sich hinterher niemand mehr damit rausreden, über dieses oder jenes nicht informiert worden zu sein. Eine individuelle Rückmeldung ist ebenso wichtig. Dies erreichen Sie vor allem durch regelmäßige Mitarbeitergespräche sowie durch anlassbezogene Ansprache, wenn die betreffende Pflegekraft zum Beispiel gerade erfolgreich einen sehr schwierigen Klienten betreut oder bei der Vorbereitung und Durchführung eines Info-Standes engagiert mithilft.

Hintergrundinformationen
Die Nutzung EDV-gestützter Kommunikationssysteme ist heutzutage nahezu selbstverständlich; dennoch sind nicht immer alle Systeme auf dem neuesten Stand. Verfolgen Sie daher die Soft- und Hardware-Entwicklung im Pflegebereich, um neue PCs und/oder Programme für die ambulante Pflege beurteilen und ggf. deren Anschaffung anregen zu können (Bsp. Die Verwaltungssoftware „eva/3 viva", die Pflegesoftware „CareSocial", das Planungs- und Verwaltungssystems „WinDIA" oder das CarePad 2.0).

6.3.2 Kennzahlen und Checklisten

Kennzahlen

- Anzahl der Dienstbesprechungen
- Anzahl der Mitarbeitergespräche
- Anzahl der eingegangenen Beschwerden
- Teilnehmerzahl an Angeboten zum Erfahrungsaustausch
- Responserate der Mitarbeiterbefragung

Checklisten Erfassen Sie die jeweiligen Kennzahlen in einer entsprechenden Checkliste; als Vorlage können Sie das im Anhang zu diesem Kapitel befindliche Muster verwenden. Dort finden Sie auch die folgend genannten Fragebogen.

6.3.3 Fragebogen

- Fragebogen 3: Mitarbeiterbefragung – Kommunikation

6.3.4 Evaluation

- Auswertung der Kennzahlen
- Auswertung der Checklisten
- Auswertung der Fragebogen

6.4 Motivation

Die in unserem Kontext relevanten Motivationstheorien sind Ihnen in Kap. 3 vorgestellt worden. Ein ganz wesentlicher Bestandteil der Mitarbeitermotivation liegt in der Orientierung an einem gemeinsamen Leitbild.

> ▶   Wenn Sie als Führungskraft in der ambulanten Altenpflege erfolgreich sein wollen, ist es unabdingbar, dass Sie die Fähigkeit besitzen bzw. erlernen, Ihre Mitarbeiter für realisierbare Visionen zu begeistern und sie gleichsam „mitzureißen", intellektuell und emotional zu stimulieren, sowie ihren Ehrgeiz und ihre Lernbereitschaft zu wecken (vgl. Brinkmann et al. 2005, S. 22–23).

Hier ist es besonders wichtig, dass Sie als Führungskraft eine Leitbildorientierung gleichsam „vorleben" und Ihren Mitarbeitern so mit gutem Beispiel vorangehen.

6.4.1 Ziel und Maßnahmen

Ziel Eine leitbildorientierte Führung ist etabliert bis zum Tag X, um so die Motivation der Mitarbeiter zu erhöhen und eine positive Unternehmenskultur im Sinne einer Corporate Identity zu schaffen.

Maßnahmen

* Einholen von Vorschlägen/Brainstorming auf Mitarbeiter- und auf Leitungsebene
* Erarbeitung eines Leitbildes durch die Projektgruppe
* Verschriftlichung und Vervielfältigung (Aushang etc.)
* Durchführung von Mitarbeiterschulungen
* Durchführung von Schulungen der Führungskräfte (Vorbildfunktion, Leitbildorientierung)
* Erarbeitung eines „Firmenlogos" durch die Projektgruppe
* Einführung von „Dienstkleidung" (Bsp. T-Shirts oder Sweatshirts mit Logo, ggf. Regenjacken)
* Durchführung einer Vorgesetztenbeurteilung
* Durchführung einer Mitarbeiterbefragung
* Durchführung einer Klientenbefragung

Hinsichtlich der Vorschläge und Ideen für ein Leitbild lassen Sie der Kreativität und der Fantasie Ihrer Mitarbeiter freien Lauf! So können Sie im Rahmen einer Mitarbeiterversammlung spontan Ideen sammeln und festhalten (Flipchart) oder Sie geben den Mitarbeitern die Möglichkeit, innerhalb eines bestimmten Zeitrahmens Vorschläge einzureichen. Die zugrunde liegenden Fragestellungen lauten: Was ist uns bei unserer Arbeit wichtig?

Welchen ethischen Vorstellungen und Grundsätzen fühlen wir uns verpflichtet? Was wollen wir in unserem Leitbild verankert wissen? Die Projektgruppe erarbeitet schließlich aus alledem ein für alle verbindliches Leitbild, das in Schriftform an die Mitarbeiter verteilt wird – der Empfang sollte per Handzeichen bestätigt werden. Das Leitbild ist nachfolgend Pflege- und Führungskräften durch entsprechende Schulungsmaßnahmen zu vermitteln. Eine erfolgreiche Verinnerlichung des Leitbildes ist im Übrigen gerade auch im Hinblick auf die MDK-Prüfung von entscheidender Bedeutung.

> ▶ **Tipp** Sie stärken den Grad der Identifikation Ihrer Mitarbeiter mit dem Pflege-
> dienst, indem Sie den Gemeinschaftssinn, das „Wir-Gefühl" bzw. die Corporate
> Identity fördern. Ein Schritt in diese Richtung kann die Schaffung eines „Firmen-
> logos" sein. Ein solches Logo im Briefkopf, auf der Pflegedokumentationsmappe
> beim Klienten vor Ort oder auf Kugelschreiber ist auch als Markenzeichen nach
> außen hin gewissermaßen werbewirksam. Sie können weiterhin überlegen, ob
> die Einführung von T-Shirts oder Sweat-Shirts mit aufgedrucktem Logo (falls Ih-
> re Mitarbeiter mit dem Fahrrad unterwegs sind, bieten sich zudem Regenjacken
> an) für Ihren Pflegedienst sinnvoll ist.
> **Sie vermitteln Ihren Mitarbeitern: Wir sind ein Team! Wir leisten gute Ar-
> beit! Wir arbeiten nach unserem Leitbild!**

6.4.2 Kennzahlen und Checklisten

Kennzahlen

- Anzahl der Teilnehmer an Schulungsmaßnahmen (Rückmeldung)
- Anzahl der Fehltage (Krankenstand)
- Responserate Mitarbeiterbefragung
- Responserate Klientenbefragung
- Responserate Vorgesetztenbeurteilung

Checklisten Erfassen Sie die jeweiligen Kennzahlen in einer entsprechenden Checkliste; als Vorlage können Sie das im Anhang zu diesem Kapitel befindliche Muster verwenden. Dort finden Sie auch die folgend genannten Fragebogen.

6.4.3 Fragebogen

- Fragebogen 4: Mitarbeiterbefragung – Motivation
- Fragebogen 6: Klientenbefragung
- Fragebogen 5: Vorgesetztenbeurteilung

Abb. 6.2 Great Place to Work (Quelle: http://www.greatplacetowork.de/unser-ansatz/was-bedeutet-ausgezeichnete-arbeitsplatzkultur)

6.4.4 Evaluation

- Auswertung der Kennzahlen
- Auswertung der Checklisten
- Auswertung der Fragebogen

6.5 Zwischenfazit

Wie bereits dargestellt, haben Sie als Führungskraft entscheidenden Einfluss auf die für Mitarbeiterzufriedenheit und Mitarbeiterbindung maßgeblichen Faktoren. Die Frage, ob Ihr Pflegedienst von der Belegschaft bzw. von potenziellen neuen Mitarbeiterinnen als attraktiver Arbeitgeber angesehen wird, hängt von eben diesen nachfolgend aufgeführten Faktoren ab:

Mit der Einführung bzw. der erfolgreichen Durchführung von Projektarbeit haben Sie schon per se eine wichtige Etappe in Richtung Mitarbeiterorientierung zurückgelegt. Die gemeinsame Arbeit an einem Projekt verbindet, stärkt den Teamgeist und fördert den Austausch und das gegenseitige Kennenlernen. Man ist gemeinsam stolz auf das Erreichte und darauf, gute Arbeit zum Wohle der Klienten zu leisten. Außerdem schaffen gemeinschaftlich erzielte Erfolge neben der fachlichen und innovativen Bereicherung für den Pflegedienst auch ein positives Betriebsklima sowie eine deutlich verbesserte Arbeitsplatzkultur. Die Initiative „Great Place to Work" zeichnet alljährlich Unternehmen verschiedener Branchen hinsichtlich ihrer Arbeitsplatzkultur bzw. ihrer Attraktivität für Arbeitnehmer aus. Die dabei zugrunde gelegten Beurteilungskomponenten sind in Abb. 6.2 dargestellt. Die Teilnahme Ihres Pflegedienstes an einem solchen Wettbewerb wäre vielleicht eine Idee für ein etwaiges Nachfolgeprojekt (weiterführende Informationen dazu erhalten Sie unter: http://www.greatplacetowork.de/beste-arbeitgeber/aktuelle-wettbewerbe).

Abschließend ist anzumerken, dass Sie nicht auf Biegen und Brechen die Bindung ihrer Mitarbeiterinnen an den Pflegedienst forcieren sollten. Es gilt auch hier eine ausgewogene Balance zu halten zwischen Engagement, Identifikation und Leistungsbereitschaft der Pflegekräfte auf der einen und deren Fähigkeiten zu individueller Abgrenzung bzw. Wahrnehmung eigener persönlicher Interessen auf der anderen Seite.

▶ Eine übermäßige Bindung an das Unternehmen kann letztlich zu Überforderung, Überidentifikation, Korpsgeist, Präsentismus und entsprechenden Erkrankungen (Bsp. „Burn-out") führen (vgl. Felten 2008, S. 10–14). Als Führungskraft haben Sie gerade im Bereich der ambulanten Pflege diesbezüglich eine besondere Fürsorgepflicht und eine hohe Verantwortung den Mitarbeiterinnen wie auch den Klienten gegenüber.

6.6　Mustervorlagen

Fragebogen 1: Mitarbeiterbefragung – Hierarchie
Qualifikation:
Alter:

Fragen	Antworten
Wie schätzen Sie den derzeitigen Führungsstil Ihres Vorgesetzten ein?	autoritär kooperativ kollegial leitbildorientiert situativ
Sind Ihre Aufgaben für Sie klar beschrieben?	ja eher ja eher nein nein
Können Sie innerhalb Ihres Aufgabenbereichs eigenverantwortlich arbeiten und entscheiden?	ja eher ja eher nein nein
Nehmen Sie innerhalb Ihres Aufgabenbereichs Planungs- und Kontrollaufgaben vor?	immer meistens manchmal selten nie
Werden Sie bestraft oder gerügt, wenn Ihnen ein Fehler unterläuft?	immer meistens manchmal selten nie
Gibt es in Ihrem Pflegedienst einen konstruktiven Umgang mit Fehlern (in dem Sinne, dass man aus Fehlern lernen und sich so verbessern kann)?	ja eher ja eher nein nein
Wie schätzen Sie das Betriebsklima in Ihrem Pflegedienst ein?	kollegial vertrauensvoll freundschaftlich misstrauisch angstbesetzt feindselig neutral
Fühlen Sie sich bei Ihrer Arbeit…	überfordert unterfordert angemessen gefordert
Haben Sie den Eindruck, dass der Informationsaustausch auf Leitungsebene funktioniert?	immer meistens manchmal selten nie
In welchen Bereichen würden Sie gern mehr Verantwortung übernehmen?	

Fragebogen 2: Mitarbeiterbefragung – Bedürfnisse/Partizipation

Qualifikation:

Alter:

Fragen	Antworten
Haben Sie die Möglichkeit, Vorschläge oder Ideen im Team und/oder der Leitung gegenüber einzubringen?	ja eher ja eher nein nein
Gibt es in Ihrem Pflegedienst eine organisierte Mitarbeitervertretung/einen Betriebsrat?	ja nein
Wenn ja, fühlen Sie sich von dem Betriebsrat oder der Mitarbeitervertretung angemessen vertreten?	immer meistens manchmal selten nie
Werden in Ihrem Pflegedienst die Bedürfnisse und die Interessen der Mitarbeiter berücksichtig?	immer meistens manchmal selten nie
Haben Sie Interesse daran, sich aktiv an der Mitarbeitervertretung zu beteiligen?	ja eher ja eher nein nein
Gibt es in Ihrem Pflegedienst ein Innerbetriebliches Vorschlagswesen?	ja nein
Sind Sie Veränderungen gegenüber aufgeschlossen?	ja eher ja eher nein nein
Würden Sie Ihren Pflegedienst als innovatives Unternehmen bezeichnen?	ja eher ja eher nein nein
Sehen Sie Potenzial, um die Pflegequalität Ihres Pflegedienstes weiter zu verbessern?	ja eher ja eher nein nein
Haben Sie Interesse daran, sich aktiv an einer Arbeitsgruppe „Innovation und Mitbestimmung" zu beteiligen?	ja eher ja eher nein nein
Reagiert die Leitung Ihres Pflegedienstes nach Ihrer Ansicht angemessen auf externe Veränderungen (Bsp. veränderte Abrechnungs- modalitäten der Kassen, MDK-Vorgaben etc.)?	immer meistens manchmal selten nie

Fragebogen 3: Mitarbeiterbefragung – Kommunikation

Qualifikation:

Alter:

Fragen	Antworten
Wie beurteilen Sie den Informationsfluss in Ihrem Pflegedienst?	sehr gut gut befriedigend ausreichend mangelhaft ungenügend
Sind Ihnen alle wesentlichen Informationen, die Sie für Ihre Arbeit bei den Klienten benötigen, problemlos zugänglich?	ja eher ja eher nein nein
Werden in Ihrem Pflegedienst regelmäßig Dienst- und Fallbesprechungen durchgeführt?	ja nein
Sind Ihnen die Sitzungsprotokolle frei zugänglich?	ja nein
Gibt es außerhalb der Besprechungen die Möglichkeit zum kollegialen Austausch?	immer meistens manchmal selten nie
Gibt es in Ihrem Pflegedienst einen Pausen- oder Aufenthaltsraum für die Pflegekräfte?	ja nein
Erhalten Sie ein regelmäßiges Feedback von Ihrem Vorgesetzten?	ja eher ja eher nein nein
Verfügt Ihr Pflegedienst über EDV-/PC-gestützte (Büro-) Kommunikationssysteme?	ja nein
Sind die Pflegekräfte im Umgang damit geschult?	ja eher ja eher nein nein
Sind die Führungskräfte im Umgang damit geschult?	ja eher ja eher nein nein
Gibt es in Ihrem Pflegedienst ein Innerbetriebliches Vorschlagswesen?	ja nein
Gibt es ein professionelles Beschwerdemanagement?	ja nein

Fragebogen 4: Mitarbeiterbefragung – Motivation

Qualifikation:

Alter:

Fragen	Antworten
Was verstehen Sie unter einem Leitbild?	
Was sollte ein Leitbild beinhalten?	
Gibt es in Ihrem Pflegedienst bereits ein Leitbild?	ja nein
Wenn ja, in welchem Ausmaß ist Ihrer Ansicht nach Ihre Arbeit daran ausgerichtet?	immer meistens manchmal selten nie
In welchem Ausmaß ist Ihrer Ansicht nach das Verhalten der Führungskräfte daran ausgerichtet?	immer meistens manchmal selten nie
Haben Sie Interesse daran, sich aktiv an einer Arbeitsgruppe „Leitbildentwicklung" zu beteiligen?	ja eher ja eher nein nein
Können Sie sich mit Ihrer Arbeit identifizieren?	ja eher ja eher nein nein
Können Sie sich mit Ihrem Arbeitgeber identifizieren?	ja eher ja eher nein nein
Können Sie sich vorstellen, in fünf Jahren noch bei Ihrem Pflegedienst zu arbeiten?	ja eher ja eher nein nein
Fühlen Sie sich durch Ihre Vorgesetzten motiviert?	immer meistens manchmal selten nie
In welchem Maße kommt Ihrer Ansicht nach eine Leitbildorientierung den Klienten zugute?	immer meistens manchmal selten nie
Befürworten Sie die Einführung von „Dienstklei-dung" (T-Shirts, Sweatshirts, Regenjacken) mit Logo Ihres Pflegedienstes?	ja eher ja eher nein nein

Fragebogen 5: Vorgesetztenbeurteilung
Name der Vorgesetzten:
Datum:

Frage	Antwort
Werden Sie von Ihrer Vorgesetzen als Person wertgeschätzt?	immer meistens manchmal selten nie
Wird Ihre Leistung von Ihrer Vorgesetzten anerkannt?	immer meistens manchmal selten nie
Fühlen Sie sich von Ihrer Vorgesetzten bei Ihrer Arbeit unterstützt?	immer meistens manchmal selten nie
Können Sie sich mit Problemen oder Anliegen an Ihre Vorgesetzten wenden?	immer meistens manchmal selten nie
Regelt Ihre Vorgesetzte Konflikte im Team angemessen?	immer meistens manchmal selten nie
Regelt Ihre Vorgesetzte Konflikte zwischen der Pflege und den Klienten oder anderen Berufsgruppen (Bsp. Ärzten) angemessen?	immer meistens manchmal selten nie
Unterstützt Sie Ihre Vorgesetzte in Ihrem beruflichen Weiterkommen (Bsp. Fortbildungen)?	immer meistens manchmal selten nie

Frage	Antwort
Bespricht Ihre Vorgesetzte Aufgaben und Ziele mit Ihnen in für Sie zufriedenstellender Art und Weise?	immer meistens manchmal selten nie
Sorgt Ihre Vorgesetzte dafür, dass die Kommunikation und der Informationsaustausch im Team funktionieren (Bsp. DB, Fallbesprechungen, Supervision etc.)?	immer meistens manchmal selten nie
Sorgt Ihre Vorgesetzte dafür, dass Sie alle für Ihre Arbeit vor Ort notwendigen Informationen bekommen?	immer meistens manchmal selten nie
Nimmt Ihre Vorgesetzte bei der Einsatzplanung Rücksicht auf Ihre Bedürfnisse oder etwaigen Probleme mit Klienten?	immer meistens manchmal selten nie
Werden Vorschläge, Anmerkungen oder Feedback von Ihnen von Ihrer Vorgesetzen ernst genommen?	immer meistens manchmal selten nie
Verhält sich Ihre Vorgesetzte dem Leitbild des Pflegedienstes entsprechend?	immer meistens manchmal selten nie
Sind Sie mit dem Führungsstil Ihrer Vorgesetzten zufrieden?	immer meistens manchmal selten nie
Halten Sie Ihre Vorgesetze für kompetent?	ja eher ja eher nein nein
Glauben Sie, dass Ihre Vorgesetzte den Pflegedienst nach außen hin (Bsp. im Kontakt mit Klienten, Angehörigen, Ärzten, Kassen) angemessen repräsentiert?	ja eher ja eher nein nein

▶ **Tipp** Vorlagen für eine Vorgesetztenbeurteilung in Form eines 360°-Feedbacks
Können Sie online abrufen unter: http://www.meta-five.com/beratungsleistungen/
reflexion_anstossen/360_grad_feedback_de.php?adwords
Sowie unter: http://www.hr-flower.de/?gclid=CIyomIqJ7bICFdHDzAod1xIA1Q

Fragebogen 6: Klientenbefragung

Eintrittsdatum:

Alter:

Pflegestufe:

Fragen	Antworten
Verhalten sich die Pflegekräfte Ihnen gegenüber freundlich und höflich?	immer meistens manchmal selten nie
Haben Sie eine feste Bezugspflegekraft ?	ja nein
Haben Sie Vertrauen zu den Mitarbeitern des Pflegedienstes?	ja eher ja eher nein nein
Sind Sie mit der Pflege zufrieden?	ja eher ja eher nein nein
Werden Ihre persönlichen Wünsche und Bedürfnisse angemessen berücksichtigt?	immer meistens manchmal selten nie
Haben Sie den Eindruck, dass die Pflegekräfte ihre Arbeit engagiert und motiviert ausüben?	immer meistens manchmal selten nie
Haben Sie den Eindruck, dass die Pflegekräfte bei Ihnen nur das Nötigste erledigen?	immer meistens manchmal selten nie
Können Sie sich mit persönlichen Anliegen oder Problemen an die Pflegekräfte wenden?	ja eher ja eher nein nein
Würden Sie den Pflegedienst anderen Pflegebedürftigen weiter empfehlen?	ja eher ja eher nein nein
Annahme: Eine Angehörige oder Bekannte von Ihnen ist Altenpflegerin. Würden Sie ihr diesen Pflegedienst als Arbeitgeber empfehlen?	ja eher ja eher nein nein

Protokollvorlage

Art der Sitzung:

Sitzungsort:

Datum:

Nächster Sitzungstermin:

Anwesende		Funktion/Arbeitsbereich
	Frau	
	Frau	
	Herr	
	Herr	
	.	
	.	
	.	
Themen	TOP 1	**Ergebnisse/Beschlüsse**
	TOP 2	
	TOP 3	
	.	
	.	
	.	
TOPs	**Bearbeitet von…**	**Erledigt bis…**
Bsp.: Gestaltung	Frau X	Konkretes Datum
Pausenraum		
	Herrn Y	

Muster Checkliste Kennzahlenprüfung
Projektname/Projektgruppe

Kennzahl	Ist-Zustand am.......2013	Ergebnis nach Projektabschluss	Datum	Handzeichen

Literatur

Brinkmann, S., Grubert, P., & Probstdorfer, I. (2005). Transaktional vs. Transformationale Führung, https://www.uni-hohenheim.de/www510e/lehre/unterlagen/pf/2005/8.pdf. Zugegriffen: 12. Dezember 2012.

Bundeskonferenz der Pflegeorganisationen Kooperation von ADS und DBfK auf Bundesebene (Hrsg.). (2006). Brennpunkt Pflege: Ältere Arbeitnehmer/-innen in der Pflege. http//:www.dbfk. de/download/download/BrennpunktPflege-aeltereArbeitsnehmer2006-12-15.pdf. Zugegriffen: 02. Juni 2011.

Felten, J. (2008). *Mitarbeiterbindung*. Göttingen: Hogrefe Verlag.

Frodl, A. (2011). *Personalmanagement im Gesundheitsbetrieb*. Wiesbaden: Gabler Verlag

Great Place to work. (2012). Beste Arbeitgeber. http://www.greatplacetowork.de/beste-arbeitgeber/ aktuelle-wettbewerbe. Zugegriffen: 19. Dezember 2012.

List, K.-H. (2010). *Praxisbuch Personalmanagement in der Pflege*. Berlin: Medizinische Verlagsgesellschaft

Simon, M., Kümmerling, A., & Hasselhorn, H. M. Dr. (2011). Arbeit und Familie-Konflikt bei europäischem Pflegepersonal. Eine Analyse der Daten der europäischen NEXTStudie. http:// www.bmwa.cms.apa.at/cms/content/attachments/8/4/5/CH0554/CMS1172240132751/analyse_ der_daten_der_europaeischen_next_studien,_arbeit_und_familie_-_konflikt_bei_europ._ pflegepersonal.pdf. Zugegriffen: 29. September 2012.

Simon, M., Tackenberg, P., Kümmerling, A., Hasselhorn, H.-M. Dr., Büscher, A., & Müller, B. H. (2005). Auswertung der ersten Befragung der NEXT-Studie in Deutschland. Universität Wuppertal. http//www.next,uni-wuppertal.de. Zugegriffen: 02. Juni 2011.

Ulatowski, H. (2011). *Was hält Sie in Ihrem Beruf? Faktoren, Ressourcen und Rahmenbedingungen für ein positives Erleben ambulanter Pflegetätigkeit. Empirische Studie*. GRIN-Verlag.

Eine alternsgerechte und familienfreundliche Arbeitsplatzgestaltung dient, nicht zuletzt eingedenk der demografischen Entwicklung, vor allem dem Erhalt und der Förderung der Arbeitsfähigkeit und der Arbeitszufriedenheit Ihrer Belegschaft. Um Ihren personalpolitischen Handlungsbedarf ermitteln und zielführende Maßnahmen eines demografiefesten Personalmanagements entwickeln zu können, ist es unabdingbar, dass Sie zuvor den Ist-Zustandes erheben. Darauf aufbauend können Sie Analysen und Prognosen für Ihren Betrieb erstellen. Als Instrumente solcher betriebsspezifischen Bedarfsanalysen stehen Ihnen insbesondere die demografiebezogene Arbeitssituationsanalyse (DemASitA) und die Altersstrukturanalyse zur Verfügung. Erstere liefert eine gegenwärtige Bestandsaufnahme, wobei „vor allem qualitative Ergebnisse zur betrieblichen Belastungssituation" erhoben werden (Freiling 2011, S. 18). Die Altersstrukturanalyse hingegen zeigt zukünftige Strukturen, Bedarfe und Probleme auf, indem anhand bestimmter Betriebs- und Personaldaten „die aktuelle Altersverteilung der Beschäftigten in die Zukunft fortgeschrieben (wird)" (dies., ebenda).

Hintergrundinformationen
Weitere Formen der Betriebsanalysen sind beispielsweise der Demografie-Kompass (online nutzbar unter: www.demobib.de) zur Analyse der Qualifikations- und Altersstruktur der Belegschaft, Mitarbeitergespräche und -befragungen sowie die pflegespezifische Gefährdungsbeurteilung im Rahmen des Arbeits- und Gesundheitsschutzes (vgl.: Freiling et al. 2010, S. 20).

Im Folgenden werden Ihnen drei Modellprojekte vorgestellt, die sich zunächst auf eine Bestandsaufnahme mittels einer demografiebezogenen Arbeitssituationsanalyse (Abschn. 7.2) beziehen, sowie die Einführung einer alternsgerechten Arbeitsplatzgestaltung (Abschn. 7.3) und Einführung einer familienfreundlichen Arbeitsorganisation (Abschn. 7.4) beinhalten. Im Anschluss an eine Betriebsanalyse können Sie ausgehend von den gewonnenen Ergebnissen und Erkenntnissen eine Verbesserung und/oder Neugestaltung der Arbeitssituationen in die Wege leiten. Wobei Sie bei jeder Neugestaltung grundsätzlich auf die Bedürfnisse Ihrer älteren Mitarbeiterinnen eingehen sollten: „Zwingend erforder-

H. Ulatowski, *Zukunftsorientiertes Personalmanagement in der ambulanten (Alten-)Pflege*, DOI 10.1007/978-3-658-01276-2_7, © Springer Fachmedien Wiesbaden 2013

lich ist die Schaffung von Arbeitsbedingungen, die es den Pflegenden erlauben, länger als bisher in ihrem Beruf tätig zu bleiben. Die Einrichtungen im Gesundheitswesen müssen sich mit den notwendigen Handlungsmöglichkeiten befassen" (ADS/DBfK 2006, S. 5).

▶ **DemASitA (demografiebezogene Arbeitssituationsanalyse)** Ihre Ziele bestehen darin, aussagekräftige Ergebnisse zu erhalten und darauf aufbauend Maßnahmen für eine nachhaltige Lösung vorliegender Probleme abzuleiten. Um dies zu gewährleisten, sind einige Voraussetzungen zu erfüllen. Zunächst ist die Bereitschaft zu konstruktiver Mitarbeit seitens der Pflegekräfte und der Führungsebenen wichtig. Die im Rahmen der DemASitA entwickelten Lösungsvorschläge sind im Hinblick auf ihre Realisierbarkeit zu prüfen und dann ggf. im Zuge eines Projekts und eingebettet in entsprechende Managementstrukturen in die Praxis umzusetzen. Die Durchführung einer DemASitA wird Ihnen in Abb. 7.1 vorgestellt. Alle Mitarbeiterinnen und Mitarbeiter sollten die Möglichkeit haben, diesen Prozess kritisch zu begleiten. Unstimmigkeiten sind in offener und kritischer Diskussion zu klären (vgl. dies. 2010, S. 39).

Durch die Einführung einer alternsgerechten Arbeitsorganisation erreichen Sie vor allem, dass die Arbeitsfähigkeit Ihrer Pflegekräfte möglichst lange – angestrebt ist bis zum Renteneintritt – erhalten bleibt. Im Rahmen des Kompetenzmodells wird hier von der Erhaltung der Arbeitsbewältigungsfähigkeit gesprochen, womit die Gesamtheit aller Faktoren bezeichnet werden, die Menschen dazu befähigen, die geforderte Arbeitsleistung zu erfüllen.

▶ **Arbeitsbewältigungsfähigkeit** basiert auf der jeweiligen funktionellen Kapazität der Mitarbeiterin, bestehend aus Reserven der physischen, der psychisch-mentalen und der sozialen Funktionen, die einem Beschäftigten zur Verfügung stehen und die im Bedarfsfall zur Aufgabenbewältigung mobilisiert werden können. Die Förderung der funktionellen Kapazität gewinnt mit zunehmendem Alter der Beschäftigten immer mehr an Bedeutung, auch wenn sich deren altersbedingte Abnahme nicht belegen lässt (vgl.: Berger und Zimber 2004, S. 11–13).

7.1   Durchführung einer demografiebezogenen Arbeitssituationsanalyse (DemASitA)

Basierend auf der Annahme, dass Ihre Pflegekräfte vor Ort Experten für die belastenden und fördernden Aspekte ihrer Tätigkeit sind, zeigt die DemASitA den aktuellen Ist-Zustand der Arbeitssituation eines Betriebes aus Sicht der Beschäftigten auf. Hierzu wird eine Gruppe von maximal 15 Pflegekräften einer Hierarchiestufe, allerdings durchaus mit unterschiedlichen Qualifikationen, für die Dauer von circa zwei Stunden anhand vorgegebener Leitfragen von einem externen und entsprechend qualifizierten Moderator befragt. Es geht dabei vornehmlich um die Feststellung von Belastungen und Problemen,

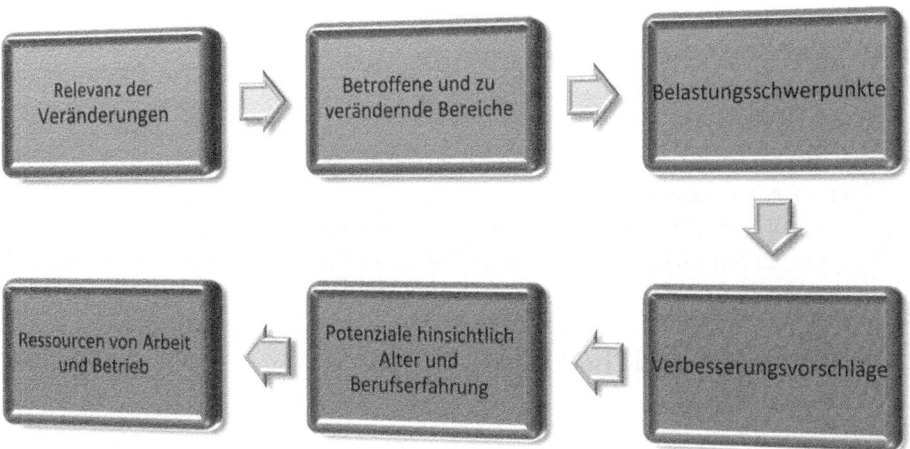

Abb. 7.1 Dimensionen der Durchführung einer DemASitA (Quelle: eigene Darstellung, Datenmaterial: Gerisch et al. 2010, S. 37)

doch werden auch im Sinne einer konstruktiven Reflexion Ressourcen und positive Elemente erarbeitet wie auch Lösungsvorschläge der Pflegekräfte aufgegriffen. Die Ergebnisse werden unter Wahrung der Anonymität der Beteiligten protokolliert (vgl. dies. 2010, S. 19).

▸   Sie sollten jedoch bedenken, dass eine DemASitA nicht unerhebliche Kosten verursacht. Diese ergeben sich durch die Freistellung des Personals, das Honorar des Moderators und zum größten Teil durch die Umsetzung der Maßnahmen.

7.1.1   Ziel und Maßnahmen

Ziel An Tag X wird in Ihrem Pflegedienst eine DemASitA durchgeführt, um aussagekräftige Ergebnisse hinsichtlich der Arbeitsbelastung der Pflegekräfte zu erhalten, auf deren Basis nachhaltige Lösung entwickelt werden können.

Maßnahmen

• Zusammenstellung einer Steuerungsgruppe
• Erfassung der Arbeitsbelastungen (Fragebogen)
• Erfassung von Ressourcen, Potenzialen und Motivation der Pflegekräfte (Fragebogen)
• Erarbeitung eines Katalogs möglicher Veränderungspotenziale
• Belastungsschwerpunkte herausarbeiten
• Ressourcen des Betriebs/des Pflegedienstes eruieren (Fragebogen)
• Gruppengröße festlegen (maximal 15 Personen)
• Arbeitsbereiche festlegen (gleiche Hierarchieebene)

- Mögliche Teilnehmer erfassen und kontakten
- Geeignete Moderatorin suchen und kontakten
- Teilnehmer benachrichtigen
- Moderatorin auswählen
- Zeitplan aufstellen (maximal 120 Minuten pro Sitzung)
- Räumlichkeiten organisieren
- Protokollvorlage für Ergebnisdokumentation erarbeiten
- Projektmatrix zur Erarbeitung von Lösungsansätzen vorbereiten

7.1.2   Kennzahlen und Checklisten

Kennzahlen

- Anzahl der Sitzungsteilnehmerinnen
- Anzahl der Arbeitsbereiche
- Responserate Fragebogen
- Anzahl der vorgebrachten Lösungsvorschläge
- Anzahl der umgesetzten Lösungsansätze

Checklisten   Erfassen Sie die jeweiligen Kennzahlen in einer entsprechenden Checkliste; als Vorlage können Sie das im Anhang zu diesem Kapitel befindliche Muster verwenden. Dort finden Sie auch die folgend genannten Fragebogen.

7.1.3   Fragebogen

- Fragebogen 1: Arbeitsbelastung
- Fragebogen 2: Ressourcen Pflegedienst/Ressourcen Pflegekräfte
- Exemplarische DemASitA-Projektmatrix

7.1.4   Evaluation

- Auswertung der Kennzahlen
- Auswertung der Checklisten
- Auswertung der Fragebogen

Im Anschluss an eine erfolgreich durchgeführte DemASitA können Sie im Rahmen von Folgeprojekten die Entwicklung und Erarbeitung entsprechender Maßnahmen zur Verbesserung der Arbeitsorganisation und der Arbeitsplatzgestaltung in Angriff nehmen, sowie auf der gewonnen Datengrundlage eine Altersstrukturanalyse durchführen.

Hintergrundinformationen

Mit Hilfe der Altersstrukturanalyse können auf der Grundlage von gegenwärtigen Betriebs- und Personaldaten zukünftige personalpolitischen Szenarien für ein Unternehmen entworfen werden. Die bestehende Altersstruktur der Belegschaft wird unter Berücksichtigung zu erwartender Entwicklungen auf die Zukunft umgerechnet, sodass sich konkret benennen lässt, von welchem wie gearteten Personalbestand innerhalb eines bestimmten Zeitraum auszugehen sein wird (vgl.: Freiling 2011, S. 18). Es lassen sich somit frühzeitig gegenwärtige und zukünftige personalpolitische Risiken wie etwa Rekrutierungsprobleme von Fachpersonal oder Fluktuationsprobleme und Arbeitsfähigkeit von Pflegekräften aufzeigen, grafisch darstellen und entsprechende Handlungsbedarfe und Maßnahmen seitens des Personalmanagements entwickeln. Schließlich ist für die Zukunft der kontinuierliche Wissenstransfer zwischen Jung und Alt im Arbeitsalltag zu organisieren, beispielsweise durch Tandems mit jüngeren und älteren Pflegekräften, um das betriebsinterne fachliche Wissen zu erhalten und auszubauen (vgl. Berger und Zimber 2004, S. 27).

7.2 Einführung einer alternsgerechten Arbeitsplatzgestaltung

Als Führungskraft in der ambulanten Pflege wissen Sie vermutlich nur zu gut, dass gerade in diesem Bereich eine hohe Fluktuation von Pflegekräften zu beklagen ist. Dies führt zu Diskontinuitäten in der pflegerischen Versorgung, Störungen im Betriebsklima, „Reibungsverlusten" durch die Einarbeitung neuer Mitarbeiterinnen und unter Umständen zu dem Verlust von Erfahrungen und (Fach)Wissen der ausgeschiedenen Pflegekräfte. Daher ist es besonders wichtig, dass Sie Ihre Mitarbeiterinnen möglichst dauerhaft an Ihren Pflegedienst binden. Erarbeiten Sie mit einem Projektteam einen Maßnahmenkatalog und achten Sie darauf, dass möglichst auch Leitungs- und Führungskräfte in der Projektgruppe vertreten sind.

Hinsichtlich der Berücksichtigung von Bedürfnissen älterer Mitarbeiterinnen (50+) sind für Ihren Pflegedienst ein betriebliches Gesundheitsmanagement (siehe Kap. 8) ebenso von Bedeutung wie die gezielte Entlastung älterer Pflegekräfte: „Wenn älteren Pflegenden ermöglicht wird, nur noch im Tag-/Frühdienst zu arbeiten und auch von den besonders belastenden Nachtdiensten ausgenommen werden, können physische und psychische Belastungen deutlich reduziert werden" (ADS/DBfK 2006, S. 13).

Beispiel

Für die ambulante Altenpflege bedeutet dies vor allem den Erlass von geteilten Diensten, Erleichterung körperlich anstrengender Pflegeeinsätze durch technische Hilfsmittel oder personelle Unterstützung, möglichst kurze Wegezeiten sowie ausreichende Angebote zum Freizeitausgleich.

Es sind daher sowohl individuelle Maßnahmen für einzelne Beschäftigte sinnvoll, als auch kollektive für die gesamte Belegschaft, insbesondere dann, wenn typische, für alle Pflegekräfte nahezu gleichermaßen zutreffende, Belastungen vorliegen. Im Falle der ambulanten Pflege stellt etwa die Tatsache, dass die Pflegenden in der Kundenwohnung arbeiten und somit nur sehr begrenzte Einflussmöglichkeiten auf die Arbeitsplatzgestaltung haben, eine besondere Belastung dar. Hier sind Rückhalt und Unterstützung durch die Vorgesetzten wichtig.

Beispiel

Außerdem ist es sinnvoll, spezielle Problem- bzw. Gefahrenanalysen vorzunehmen, wie beispielsweise „Zugang zur Wohnung", „Tiere in der Wohnung", „Verwahrlosung von Kunden" oder „Notfälle", um die Pflegekräfte entsprechend zu schulen und vorzubereiten (vgl. Freiling et al. 2010, S. 52–53).

7.2.1   Ziel und Maßnahmen

Ziel   Der Pflegedienst hat bis zum Tag X eine alternsgerechte Arbeitsorganisation eingeführt, um ein alters- bzw. gesundheitsbedingtes vorzeitiges Ausscheiden älterer Pflegekräfte aus dem Pflegedienst zu verhindern.

Maßnahmen

- Erfassung der Arbeitsbelastungen (Fragebogen)
- Erfassung der Fehltage/Krankheitstage älterer Pflegekräfte
- Ernennung einer Ansprechpartnerin für die Belange/Bedürfnisse älterer Mitarbeiterinnen
- Implementierung eines professionellen Beschwerdemanagements
- Einführung regelmäßiger Mitarbeitergespräche (Fragebogen)
- Einführung regelmäßiger Entwicklungs- und Zielvereinbarungsgespräche
- Erfassung der Weiter- und Fortbildungswünsche älterer Pflegekräfte (Fragebogen)
- Schaffung eines kollegialen Betriebsklimas (Fragebogen)
- Vorstellung der Pflegekräfte von einer alternsgerechten Arbeitsorganisation erfassen (Fragebogen)
- Bereitstellung von Hilfsmitteln vor Ort (Bsp. Lifter)
- Bildung altersgemischter Teams/Tandems
- Workshops/Erfahrungsaustausch

7.2.2   Kennzahlen und Checklisten

Kennzahlen

- Responserate der Fragebogen
- Anzahl der Fehl- und Krankheitstage
- Anzahl der Mitarbeitergespräche
- Anzahl der eingegangenen Beschwerden

- Anzahl der Entwicklungs- und Zielvereinbarungsgespräche
- Anzahl der Teilnehmer an Fort- und Weiterbildungsmaßnahmen
- Anzahl der arbeitsorganisatorischen Veränderungen
- Nutzung der Hilfsmittel
- Anzahl der alternsgemischten Teams/Tandems
- Teilnehmerzahl Workshops

Checklisten Erfassen Sie die jeweiligen Kennzahlen in einer entsprechenden Checkliste; als Vorlage können Sie das im Anhang zu diesem Kapitel befindliche Muster verwenden. Dort finden Sie auch die folgend genannten Fragebogen.

7.2.3 Fragebogen

- Fragebogen 1: Arbeitsbelastung
- Fragebogen 3: Betriebsklima
- Fragebogen 4: Mitarbeitergespräche
- Fragebogen 5: Alternsgerechte Arbeitsorganisation
- Fragebogen 6: Fortbildungsbedarf

7.2.4 Evaluation

- Auswertung der Kennzahlen
- Auswertung der Checklisten
- Auswertung der Fragebogen

7.3 Einführung einer familienfreundlichen Arbeitsorganisation

Da Sie sich bei der Rekrutierung neuer Mitarbeiterinnen vermehrt auch auf Quereinsteigerinnen sowie auf Frauen, die wieder in die Erwerbstätigkeit zurückkehren möchten, einstellen müssen, ist eine möglichst gute Vereinbarkeit von Familien- und Berufsleben von erheblicher Bedeutung. Außerdem fühlen sich auch jüngere Pflegekräfte einem Unternehmen, das ihrer (zukünftigen) Familienplanung kooperativ gegenüber steht und das seine Mitarbeiterinnen auch in ihrem sozialen und familiären Kontext wahrnimmt, eher verbunden als einem Betrieb, in dem grundsätzlich die Unterordnung privater/familiärer Verpflichtungen unter die Anforderungen des Erwerbslebens verlangt wird. Von daher sind Sie als Führungskraft in der ambulanten Pflege gut beraten, wenn Sie bei der Einsatzplanung, der Arbeitsorganisation und der Arbeitszeitgestaltung auf Kinderkrankheitstage, Kita-Öffnungszeiten und Schulferien etc. berücksichtigen. Hier gilt es, für alle Seiten tragbare Lösungen zu erarbeiten, die sowohl den Bedürfnissen der Pflegekräfte und ihrer

Familien gerecht werden, als auch unnötig hohe Belastungen des Pflegedienstes, etwa durch Ausfallzeiten, vermeiden.

> ▶   Allerdings sollten Sie sich nicht ausschließlich auf die Bedürfnisse von Familien mit Kindern bzw. von Alleinerziehenden einstellen, da auch kinderlose Mitarbeiterinnen hohen familiären Belastungen ausgesetzt sein können, etwa durch die Pflege ihrer Eltern oder naher Angehöriger, Krankheit des Partners und dergleichen mehr. Im Sinne einer möglichst ausgewogenen Work-Life-Balance sind familiäre Zusammenhänge zudem nicht nur als Belastungen, sondern vielmehr auch als Ressourcen zu verstehen. Somit sollte Ihre Rücksichtnahme den familiären/privaten Belangen all Ihrer Beschäftigten gelten.

7.3.1   Ziel und Maßnahmen

Ziel Der Pflegedienst hat bis zum Tag X eine familienfreundliche Arbeitsorganisation eingeführt, um den Pflegekräften eine möglichst gute Vereinbarkeit von Familie und Beruf bieten zu können.

Maßnahmen

* Erfassung der Fehltage/Krankheitstage bzw. Kinderkrankheitstage
* Ernennung einer Ansprechpartnerin für die familiären Belange/Bedürfnisse der Mitarbeiterinnen
* Vorstellung der Pflegekräfte von einer familienfreundlichen Arbeitsplatzgestaltung erfassen (Fragebogen)
* Kooperation mit Kinderläden/Kitas/Tagesmüttern und Tagesvätern (Betreuungskontingent für Kinder der Mitarbeiterinnen)
* Kooperation mit Kinderhotels (Abend-, Wochenenddienste)
* Kooperation mit Oma-/Opa-Hilfsdiensten (Krankheit des Kindes)
* Kooperation mit familiären Hilfsdiensten und bei Bedarf Unterstützung bei der Antragsstellung und Organisation
* Auslegen von Wunschdienstplänen
* Schaffung eines kollegialen Betriebsklimas
* Einführung regelmäßiger Mitarbeitergespräche (Fragebogen)
* Pflegezeiten für pflegebedürftige Angehörige
* Einführung familienfreundlicher/flexibler Arbeitszeiten

7.3.2 Kennzahlen und Checklisten

Kennzahlen

- Responserate der Fragebogen
- Anzahl der Fehl- und Krankheitstage
- Anzahl der Mitarbeitergespräche
- Inanspruchnahme der Betreuungsangebote
- Inanspruchnahme der Hilfsangebote
- Nutzung des Wunschdienstplanes
- Inanspruchnahme der familienfreundlicher/flexibler Arbeitszeiten

Checklisten Erfassen Sie die jeweiligen Kennzahlen in einer entsprechenden Checkliste; als Vorlage können Sie das im Anhang zu diesem Kapitel befindliche Muster verwenden. Dort finden Sie auch die folgend genannten Fragebogen.

7.3.3 Fragebogen

- Fragebogen 4: Betriebsklima
- Fragebogen 5: Mitarbeitergespräche
- Fragebogen 8: Familienfreundliche Arbeitsplatzgestaltung

7.3.4 Evaluation

- Auswertung der Kennzahlen
- Auswertung der Checklisten
- Auswertung der Fragebogen

Durch die Einführung einer familienfreundlichen Arbeitsplatzgestaltung ermöglichen Sie vor allem, aber eben nicht nur, Müttern und Alleinerziehenden die Vereinbarung von Familie und Beruf. Sie leisten so als Arbeitgeberin in Ihrem Viertel einen wichtigen sozialpolitischen Beitrag und sind durchaus gut damit beraten, dies auch öffentlichkeitswirksam nach außen zu kommunizieren. Dies steigert sicherlich die Attraktivität Ihres Pflegedienstes für die vorhandene Belegschaft wie für potenzielle Arbeitnehmerinnen. Zudem erhöhen Sie so die Zufriedenheit Ihrer Pflegekräfte und wirken einem möglichen familiär bedingten Rückzug – sei es durch die Geburt eines Kindes oder durch die Pflegebedürftigkeit von Angehörigen etc. – entgegen.

7.4 Mustervorlagen

Fragebogen 1: Arbeitsbelastung
Qualifikation:
Alter:
Betriebszugehörigkeit:

Frage	Antwort
Wie hoch schätzen Sie die Arbeitsbelastung in Ihrem Pflegedienst ein?	sehr hoch hoch nicht so hoch gering
Wie hoch schätzen Sie Ihre persönliche Arbeitsbelastung ein?	sehr hoch hoch nicht so hoch gering
Unter welchen Arten von Arbeits-belastungen leiden Sie?	körperliche Belastung psychische Belastung beides sonstige, und zwar:
Fühlen Sie sich durch Ihre Arbeit überlastet?	Ja größtenteils teilweise nein
Sind Sie schon einmal wegen Überlastung krankgeschrieben worden? Wenn ja, wie lange?	ja, und zwar: nein
Leiden Sie aktuell an folgenden Beschwerden:	Rückenschmerzen Kopfschmerzen Niedergeschlagenheit Gereiztheit gastrointestinale Beschwerden Schlafstörungen Gelenkschmerzen dermatologische Beschwerden erhöhte Infektanfälligkeit
Haben Sie in der Vergangenheit an folgen-den Beschwerden gelitten:	Rückenschmerzen Kopfschmerzen Niedergeschlagenheit Gereiztheit gastrointestinale Beschwerden Schlafstörungen Gelenkschmerzen dermatologische Beschwerden erhöhte Infektanfälligkeit

Fragebogen 2: Ressourcen

Qualifikation:

Alter:

Betriebszugehörigkeit:

Frage	Antwort
Wie hoch schätzen Sie Möglichkeiten Ihres Pflegedienstes ein, einer hohen Arbeitsbelastung der Belegschaft entgegen zu wirken?	sehr hoch hoch nicht so hoch gering
An welche Möglichkeiten denken Sie da im Besonderen?	
Gibt es in Ihrem Pflegedienst bereits Maßnahmen zur Entlastung älterer Mitarbeiterinnen? Wenn ja, welche?	ja, und zwar: nein
Können Sie persönlich die Belastungen durch Ihre Arbeit ausgleichen? Wenn ja, wodurch?	
Woraus schöpfen Sie bei Ihrer Arbeit Kraft?	
Was gefällt Ihnen an Ihrer Tätigkeit besonders gut?	
Was gefällt Ihnen an Ihrem Pflegedienst besonders gut?	
Was könnte Ihrer Ansicht nach verbessert werden?	

Fragebogen 3: Betriebsklima

Qualifikation:

Alter:

Fragen	Antworten
Wie schätzen Sie das Betriebsklima in Ihrem Pflegedienst ein?	sehr gut gut mittelmäßig schlecht sehr schlecht
Gibt es in Ihrem Pflegedienst eine organisierte Mitarbeitervertretung/einen Betriebsrat?	Ja nein
Können Sie sich bei Bedarf auf die Unterstützung durch Ihre Kolleginnen verlassen?	Immer meistens manchmal selten nie
Können Sie sich bei Bedarf auf die Unterstützung durch Ihre Vorgesetzten verlassen?	Immer meistens manchmal selten nie
Werden in Ihrem Pflegedienst die Bedürfnisse und die Interessen der Mitarbeiterinnen berücksichtigt?	Ja eher ja eher nein nein
Werden auftretende Konflikte konstruktiv gelöst?	Ja eher ja eher nein nein
Wie wird seitens der Kolleginnen auf Fehler reagiert?	
Wie wird seitens der Vorgesetzten auf Fehler reagiert?	
Werden Sie nach außen hin von Ihren Vorgesetzten unterstützt – etwa Klienten oder Angehörigen gegenüber?	Ja eher ja eher nein nein
Besteht in Ihrem Pflegedienst eine gute Zusammenarbeit zwischen jüngeren und älteren Pflegekräften?	Ja eher ja eher nein nein

Fragebogen 4: Mitarbeitergespräche
Qualifikation:
Alter:
Betriebszugehörigkeit:

Frage	Antwort
Finden in Ihrem Pflegedienst regelmäßig Mitarbeitergespräche statt?	ja nein
Fühlen Sie sich bei diesen Gesprächen von Ihren Vorgesetzten ernst genommen?	Ja größtenteils teilweise wenig nein
Ist der zeitliche Rahmen dieser Gespräche angemessen?	ja nein
Sind die räumlichen Gegebenheiten angemessen (z.B. ungestört)?	ja nein
Werden Ihre Anliegen und Ihre (beruflichen) Pläne nachhaltig berücksichtigt?	Ja größtenteils teilweise wenig nein
Werden Sie von Ihren Vorgesetzten bei Ihrer Karriereplanung unterstützt?	Ja größtenteils teilweise wenig nein
Können Sie im Rahmen dieser Gespräche Probleme offen ansprechen?	Ja größtenteils teilweise wenig nein
Werden die Gespräche schriftlich protokolliert?	Ja Nein
Wenn ja, wer hat Zugang zu diesen Protokollen?	

Fragebogen 5: Alternsgerechte Arbeitsorganisation
Qualifikation:
Alter:
Betriebszugehörigkeit:

Frage	Antwort
Haben Ihre Vorgesetzten ein Bewusstsein für die besonderen Bedürfnisse älterer Pflegekräfte (50+ Jahre)?	ja größtenteils teilweise wenig nein
Haben Ihre Kolleginnen ein Bewusstsein für die besonderen Bedürfnisse älterer Pflegekräfte (50+ Jahre)?	ja größtenteils teilweise wenig nein
Werden diese Bedürfnisse von Ihren Vorgesetzten bei der Arbeitsorganisation berücksichtigt?	ja nein
Wenn ja, wie sieht dies aus? Welche Regelungen gibt es?	
Werden diese Bedürfnisse von Ihren Kolleginnen berücksichtigt?	ja nein
Wenn ja, in welcher Form?	
Werden Erfahrungen und (Fach-)Wissen der Älteren in Ihrem Pflegedienst ernst genommen?	ja größtenteils teilweise wenig nein
Können ältere Pflegekräfte ihre Erfahrungen und ihr Wissen an jüngere Kolleginnen weiter geben?	ja nein
Wenn ja, in welcher Form?	
Was könnte Ihrer Ansicht nach verbessert werden?	

Fragebogen 6: Fortbildungsbedarf
Qualifikation:
Alter:
Betriebszugehörigkeit:

Frage	Antwort
Worin liegen Ihre Stärken bei der Arbeit?	
In welchen Bereichen fühlen Sie sich eher unsicher?	
Welche Fort- bzw. Weiterbildungen würde Sie sich wünschen, um dies ändern zu können?	
Würden Sie dazu innerbetriebliche Fortbildungsangebote nutzen wollen? Bitte begründen Sie dies kurz.	
Würden Sie externe Veranstaltungen oder Referenten bevorzugen? Bitte begründen Sie dies kurz.	
Welche Fort- und Weiterbildungsbereiche sind Ihrer Ansicht nach für ambulant Pflegende generell wichtig?	
Sind Sie mit dem Fort- und Weiterbildungsangebot Ihres Pflegedienstes zufrieden?	

Fragebogen 7: Familienfreundliche Arbeitsplatzgestaltung
Qualifikation:
Alter:
Betriebszugehörigkeit:

Frage	Antwort
Haben Ihre Vorgesetzten ein Bewusstsein für die besonderen Bedürfnisse von Mitarbeiterinnen mit Kindern?	ja größtenteils teilweise wenig nein
Haben Ihre Kolleginnen ein Bewusstsein für die besonderen Bedürfnisse von Mitarbeiterinnen mit Kindern?	ja größtenteils teilweise wenig nein
Werden diese Bedürfnisse von Ihren Vorgesetzten bei der Arbeitsorganisation berücksichtigt?	ja nein
Wenn ja, wie sieht dies aus? Welche Regelungen gibt es?	
Werden diese Bedürfnisse von Ihren Kolleginnen berücksichtigt (auch bei der Urlaubsplanung!)?	ja nein
Wenn ja, in welcher Form?	
Wird seitens der Vorgesetzen und Kollegen auch auf andere familiäre Verpflichtungen Rücksicht genommen (Bsp. Krankheit des Partners, Pflege der Eltern etc.)?	ja größtenteils teilweise wenig nein
Werden Pflegekräfte bei der Betreuung ihrer Kinder (auch bei Krankheit oder in den Schulferien) vom Pflegedienst unterstützt?	ja nein
Wenn ja, in welcher Form?	
Was könnte Ihrer Ansicht nach verbessert werden?	

Protokollvorlage
Art der Sitzung:
Sitzungsort:
Datum:
Nächster Sitzungstermin:

Anwesende		Funktion/Arbeitsbereich
	Frau	
	Frau	
	Herr	
	Herr	
	.	
	.	
	.	
Themen	TOP 1	**Ergebnisse/Beschlüsse**
	TOP 2	
	TOP 3	
	.	
	.	
	.	
TOPs	**Bearbeitet von…**	**Erledigt bis…**
Bsp.: Gestaltung	Frau X	Konkretes Datum
Pausenraum		
	Herrn Y	

Exemplarische Projektmatrix zur DemASitA

Problemdefinition/Ist-stand	bisherige Lösungsvorschläge	To do	verantwortlich	bis wann?
Beschwerdemanagement				
■ Umgang mit „schwierigen" Angehörigen belastet Pflegekräfte		detaillierte Bestandsaufnahme in den Teams: Wo liegen die Probleme im Umgang mit Beschwerden von Angehörigen?	PDL	
■ Zuständigkeit für Beschwerden ist nicht geklärt ■ Pflegekräfte geraten häufig unter Rechtfertigungsdruck gegenüber Angehörigen	Erarbeitung eines Konzepts zum Beschwerde-management	bereits durchgeführte Kundenbefragung thematisch erweitern, Ziel: Ermittlung der Bewohner- und Angehörigenzufrieden-heit, Aufnahme von Verbesserungsvorschlägen	QMB	
■ Beschwerden werden nicht systematisch und zeitnah bearbeitet		Inhouse-Trainings für alle Mitarbeiter zum Thema	Einrichtungs-leitung/ externer Trainer	
Personaleinsatz/Dienstplangestaltung				
■ bei kurzfristigem Personalausfall, insbesondere am Wochenende, ist nicht ohne Weiteres Ersatz zu finden ■ das „Einspringen" für erkrankte Kollegen übernehmen immer dieselben Pflegekräfte	systematische Organisation von Krankheitsver-tretungen	■ Erarbeitung eines Einsatzplans für Notfälle (kurzfristige Personalausfälle), an dem alle Pflegekräfte beteiligt sind ■ Rückfragen bei Pflegekräften in Elternzeit, ob und in welchem Umfang sie für Vertretungen zur Verfügung stehen	Vorlage: PDL, Ausarbeitung: WBL	
■ Langzeiterkrankungen belasten die entsprechenden Teams, weil es zu lange dauert, bis Vertretungsregelungen gefunden werden	Überprüfung und Weiterentwicklung des betrieblichen Eingliederungs-managements nach § 84 SGB XI	■ Erstellung einer Checkliste für Wohn-bereichsleitungen und eines BEM-Konzepts ■ Erstellung eines Leitfadens für Rückkehrgespräche	PDLMAV	

(Quelle: Gerisch et al. 2009, S. 43)

Muster Checkliste Kennzahlenprüfung Projektname/Projektgruppe

Kennzahl	Ist-Zustand am.......2013	Ergebnis nach Projektabschluss	Datum	Handzeichen

Literatur

Berger, G. &Zimber, A. (2004). Alter(n)sgerechte Arbeitsplätze in der Altenpflege. Wege zur Stärkung der Arbeits (bewältigungs)fähigkeit (nicht nur) der älteren Mitarbeiter/innen. http//:www.equal-altenhilfe.de/files/Arbeitsplatz_Altenhilfe/AP_03/AP_03.pdf. Zugegriffen: 22. Mai 2011.

Bundeskonferenz der Pflegeorganisationen Kooperation von ADS und DBfK auf Bundesebene (Hrsg.). (2006). Brennpunkt Pflege: Ältere Arbeitnehmer/-innen in der Pflege. http//:www.dbfk. de/download/download/BrennpunktPflege-aeltereArbeitsnehmer2006-12-15.pdf. Zugegriffen: 02. Juni 2011.

Freiling, T., Geldermann, B., & Töpisch, K. (2010). *Handlungsfelder zur Gestaltung einer demografie-festen Personalpolitik in der Altenpflege*. Bielefeld: Verlag W. Bertelsman.

Freiling, T. (2011). Demografische Entwicklungtrend und Auswirkungen auf die Pflegewirtschaft. In Loebe, & Severing (Hrsg.), *Zukunftsfähig im demografischen Wandel* (S. 9–27). Bielefeld: Verlag W. Bertelsmann.

Gerisch, S., Knapp, K., & Töpsch, K. (2009). *Demografiefeste Personalpolitik in der Altenpflege. Handlungsbedarf erfassen*. Bielefeld: Verlag W. Bertelsmann.

Köchling, A. & Gesellschaft für Arbeitsschutz- und Humanisierungsforschung mbH (GfAH) (2012). Demografiewerkzeuge. http://www.demowerkzeuge.de/index.php?lang=de&css=standard&si=174&li=2&fl=158. Zugegriffen: 10. März 2012.

Simon, M., Kümmerling, A., & Hasselhorn, H. M. Dr. (2011). Arbeit und Familie-Konflikt bei europäischem Pflegepersonal. Eine Analyse der Daten der europäischen NEXTStudie. http://www.bmwa.cms.apa.at/cms/content/attachments/8/4/5/CH0554/CMS1172240132751/analyse_der_daten_der_europaeischen_next_studien,_arbeit_und_familie_-_konflikt_bei_europ._pflegepersonal.pdf. Zugegriffen: 29. September 2012.

Handlungsfeld 5: Gesundheitsförderung

Als Führungskraft in der ambulanten Pflege sind Ihnen Fehlzeiten und hohe Krankenstände Ihrer Pflegekräfte mit Sicherheit nicht fremd. Dies verursacht nicht nur hohe Kosten, es führt auch zu einer Unterbrechung der Beziehungskontinuitäten in der pflegerischen Versorgung, zu Störungen im Betriebsklima, und zu „Reibungsverlusten", da Mitarbeiterinnen, die für erkrankte Kolleginnen „einspringen", sich oftmals vor Ort erst einmal ein Bild machen, sich bei dem für sie neuen Klienten vorstellen und sich in den dortigen Räumlichkeiten und Gegebenheiten einfinden müssen. Daher ist es nicht nur aus betriebswirtschaftlichen Erwägungen heraus wichtig, dass Sie Fehlzeiten und Krankenstände Ihrer Pflegekräfte möglichst gering halten und die Gesundheit der Mitarbeiterinnen Ihres Pflegedienstes erhalten und nachhaltig fördern.

> ▸ Eine nachhaltige Verbesserung der Mitarbeitergesundheit können Sie allerdings nicht durch vereinzelte Maßnahmen, sondern nur durch den Aufbau eines systematischen und kontinuierlichen Gesundheitsmanagements erreichen. Dessen Implementierung, Durchführung und Kontrolle liegt grundsätzlich in der Verantwortung der obersten Leitung und der jeweiligen Führungskräfte.

Darüber hinaus kann die Ernennung einer Gesundheitsbeauftragten in Ihrem Pflegedienst als Ansprechpartnerin für die Beschäftigten und zur Organisation, Koordination und Überwachung aller relevanten Projekte und Maßnahmen ab einer mittleren Betriebsgröße durchaus sinnvoll sein. Erarbeiten Sie mit einem Projektteam einen Maßnahmenkatalog und achten Sie bei der Zusammensetzung der Projektgruppen darauf, dass möglichst auch Leitungs- und Führungskräfte vertreten sind. Im Folgenden werden Ihnen drei Modellprojekte vorgestellt, die Ihnen in unterschiedlichem Umfang bzw. mit unterschiedlichem Aufwand bei der Erhaltung und Förderung einer gesunden Belegschaft hilfreich sein können.

Auch hinsichtlich der nun vorgestellten Modellprojekte gilt wieder, dass Sie diese möglichst passgenau an die individuellen Anforderungen Ihres Pflegedienstes angleichen kön-

H. Ulatowski, *Zukunftsorientiertes Personalmanagement in der ambulanten (Alten-)Pflege*, DOI 10.1007/978-3-658-01276-2_8, © Springer Fachmedien Wiesbaden 2013

nen. Das erste Projekt dient der Erfassung der tatsächlich bei Ihren Mitarbeiterinnen vorliegenden Arbeitsbelastung. Eine möglichst realistische und detaillierte Erfassung ist für
die Entwicklung und Durchführung weiterer Maßnahmen unerlässlich. Das zweite Projekt beinhaltet die Einführung einer betrieblichen Gesundheitsförderung und im dritten
wird ein systematisches betriebliches Gesundheitsmanagement implementiert. Die Projekte bauen durchaus aufeinander auf und Sie können sie daher nacheinander absolvieren,
wobei jedoch die Durchführung des dritten Projekts erst ab einer mittleren Betriebsgröße
sinnvoll ist.

8.1   Erfassung der gesundheitlichen Belastung der Pflegekräfte

Wie aus den Ergebnissen diverser empirischer Studien ersichtlich, birgt der Pflegeberuf im
Allgemeinen ein besonders hohes Belastungspotenzial für die Beschäftigten in sich.

> ▶ Vordringliche Belastungsfaktoren sind hier physische Belastungen durch hohes
>   Arbeitsaufkommen, hohes Arbeitstempo, Zeitknappheit und körperlich an-
>   strengende Tätigkeiten sowie psychische und emotionale Belastungen durch
>   den Umgang mit Leid, Tod und Sterben ebenso wie durch die Auseinan-
>   dersetzung mit Patienten, deren sozialem und familiärem Umfeld und mit
>   Angehörigen anderer Professionen gesundheitsbezogener Dienstleistungen
>   (weiter dazu: Kromark und Ostendorf 2011, S. 27–32).

Eine Bestandsaufnahme des konkreten Belastungsausmaßes in Ihrem Betrieb können
Sie in erster Linie durch Mitarbeiterbefragungen sowie durch regelmäßige Personal- bzw.
Mitarbeitergespräche durchführen. Unabdingbar für eine realistische Erfassung der Mit-
arbeiterbelastung ist, dass Sie ein vertrauensvolles Verhältnis zwischen Pflegekräften und
Vorgesetzten schaffen und für einen offenen und transparenten Umgang mit Belastungs-
faktoren bzw. Belastungssituationen sowie für ein positives und kollegiales Betriebsklima
sorgen. Halten Sie Ihre Pflegekräfte zudem an, selbstverantwortlich so genannte Überlastungsanzeigen zu schreiben bzw. entsprechende Vordrucke auszufüllen, wenn sie in einer
konkreten Situation an ihre Grenzen stoßen bzw. zu stoßen drohen: „Zu einer professionellen Haltung der Pflege gehört auch, auf strukturelle und organisatorische Ursachen von
Minder- oder Fehlversorgung hinzuweisen und diese adäquat an zuständiger Stelle deutlich
zu machen. Ein Instrument hierzu ist die Überlastungsanzeige" (DBfK 2010, S. 12). Diese können von einzelnen Pflegenden, vom Team oder über die Mitarbeitervertretung bzw.
den Betriebsrat eingebracht werden. Außerdem können Sie im Bedarfsfall Begehungen vor
Ort durchführen, um etwa besonders belastende Einsätze zu erfassen und zu beurteilen.

8.1.1   Ziel und Maßnahmen

Ziel Die gesundheitliche Belastung der Pflegekräfte wird erfasst bis zum Tag X, um so konkrete Aussagen über den Ist-Zustand und etwaige Verbesserungspotenziale zu ermöglichen.

Maßnahmen

- Mitarbeiterbefragung (Arbeitsbelastung)
- Erfassung aller Krankmeldungen der letzten 12 Monate
- Erfassung aller sonstigen Fehltage der letzten 12 Monate
- Analyse der Krankmeldungen nach Erkrankungen (falls bekannt)
- Analyse der Krankmeldungen nach Dauer
- Erfassung der Krankheitstage pro Mitarbeiterin
- Erfassung aller vor Ort befindlichen Hilfsmittel
- Überprüfung der Hilfsmittel auf Funktionstüchtigkeit
- Erfassung der tatsächlichen Nutzung (Fragebogen)
- Kooperation mit den Anbietern von Hilfsmitteln
- Arbeitsanweisung zur Hilfsmittelnutzung erarbeiten
- Vordrucke für Überlastungsanzeigen konzipieren
- Information der Beschäftigten über Schreiben der Überlastungsanzeigen
- Verteilen der Vordrucke (mit der Gehaltsabrechnung)
- Regelmäßige Durchführung von Mitarbeitergesprächen

8.1.2   Kennzahlen und Checklisten

Kennzahlen

- Anzahl der Krankheitstage
- Anzahl der sonstigen Fehltage
- Responserate Mitarbeiterbefragung
- Responserate Überlastungsanzeige
- Responserate Fragebogen zur Hilfsmittelnutzung
- Anzahl der Hilfsmittel vor Ort
- Anzahl der Mitarbeitergespräche

Checklisten Erfassen Sie die jeweiligen Kennzahlen in einer entsprechenden Checkliste; als Vorlage können Sie das im Anhang zu diesem Kapitel befindliche Muster verwenden. Dort finden Sie auch die folgend genannten Fragebogen.

8.1.3 Fragebogen

- Fragebogen 1: Arbeitsbelastung
- Fragebogen 2: Hilfsmittel vor Ort
- Fragebogen 3: Mitarbeitergespräche
- Statistikbogen: Krankheits- und Fehltage
- Vordruck: Überlastungsanzeige

8.1.4 Evaluation

- Auswertung der Kennzahlen
- Auswertung der Checklisten
- Auswertung der Fragebogen

Bereits aufgrund der Durchführung dieses Projekts wird sich in Ihrem Pflegedienst ein erhöhtes Bewusstsein für Arbeitsbelastungen und berufsbedingte Gesundheitsgefährdungen entwickeln. Ein solches Bewusstsein bietet die Grundlage für die erfolgreiche Einführung einer betrieblichen Gesundheitsförderung; im folgenden Abschnitt wird diese anhand eines Modellprojekts dargestellt.

8.2 Einführung einer betrieblichen Gesundheitsförderung

Im Anschluss an eine systematische Erfassung und Dokumentation der Arbeitsbelastung Ihrer Pflegekräfte sollten Sie die Entwicklung entsprechender (Gegen-)Maßnahmen in Betracht ziehen. Auch hier gilt es, systematisch vorzugehen und nicht in übereifrigen Aktionismus zu verfallen. Die Einführung einer betrieblichen Gesundheitsförderung lässt sich auch in kleineren und mittleren Betrieben verwirklichen. Ein wesentlicher Schwerpunkt der betrieblichen Gesundheitsförderung liegt auf der Entwicklung des Gesundheitsbewusstseins der Belegschaft. Außerdem wird eine Sensibilisierung der Mitarbeiterinnen für Selbstwahrnehmung und Eigenverantwortung bezüglich der eigenen Gesundheit angestrebt. Schließlich soll den Pflegekräften die Fähigkeit zum Selbstmanagement vermittelt werden, welches vor allem in der Regulierung bzw. Abstimmung der vier Aspekte des nachfolgend abgebildeten Balance-Modells besteht (eine Übersicht dazu finden Sie in Abb. 8.2).

8.2.1 Ziel und Maßnahmen

Ziel In Ihrem Pflegedienst wird bis zum Tag X eine betriebliche Gesundheitsförderung implementiert, um die Arbeitsfähigkeit der Pflegekräfte nachhaltig und langfristig (möglichst bis zum Eintritt ins Rentenalter) zu erhalten.

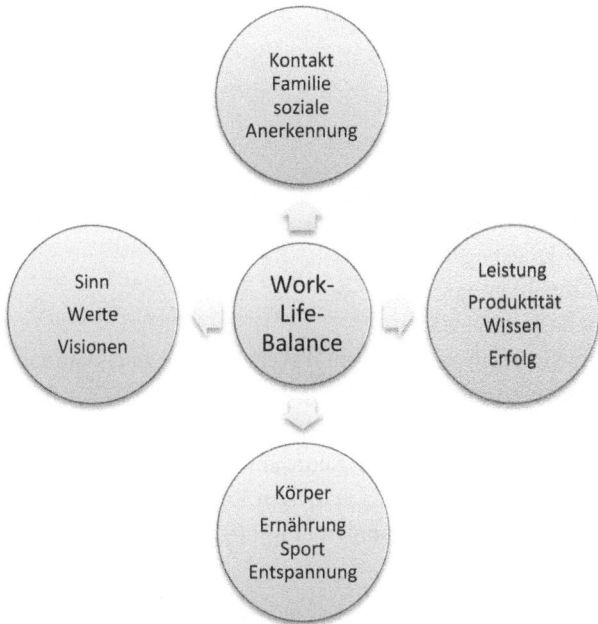

Abb. 8.1 Selbstmanagement: Die vier Waagschalen des Balance-Modells (Quelle: eigene Darstellung, Datenmaterial: Tewes 2011, S. 17)

Maßnahmen

- Mitarbeiterbefragung (Arbeitsbelastung)
- Krankenstand der letzten 12 Monate erfassen
- Einführung regelmäßiger Mitarbeitergespräche (Fragebogen)
- Einführung gesundheitsbezogener Fort- und Weiterbildungen (Ernährung, Bewegung)
- Einführung von Überlastungsanzeigen (Vordrucke)
- Einführung eines Ampel-Frühwarnsystem zur frühzeitigen Erfassung von Überlastung
- Verteilen der Vordrucke (mit der Gehaltsabrechnung)
- Mitarbeiterschulung zum Frühwarnsystem
- Mitarbeiterschulung zum Work-Life-Balance-Konzept
- Anbieten gesundheitsfördernder Maßnahmen (Rückenschule, Aufmerksamkeits- und Achtsamkeitstraining, Entspannungstechniken etc.)
- Anbieten eines Pausenraums und Bereitstellung von Obst und Getränken
- Berücksichtigung von Mitarbeiterinteressen bei der Dienstplangestaltung
- Evaluationsbögen für Schulungs- und Weiterbildungsmaßnahmen erarbeiten
- Leitbildorientierung

8.2.2   Kennzahlen und Checklisten

Kennzahlen

- Anzahl der Krankheitstage
- Anzahl sonstiger Fehltage
- Anzahl der Mitarbeitergespräche
- Responserate der Fragebogen
- Responserate Ampel-System
- Anzahl der Überlastungsanzeigen
- Anzahl der Teilnehmerinnen an Fort- und Weiterbildungsmaßnahmen
- Anzahl der Teilnehmerinnen an Schulungsmaßnahmen

Checklisten   Erfassen Sie die jeweiligen Kennzahlen in einer entsprechenden Checkliste; als Vorlage können Sie das im Anhang zu diesem Kapitel befindliche Muster verwenden. Dort finden Sie auch die folgend genannten Fragebogen.

8.2.3   Fragebogen

- Fragebogen 1: Arbeitsbelastung
- Fragebogen 2: Hilfsmittel vor Ort
- Fragebogen 3: Mitarbeitergespräche
- Statistikbogen: Krankheits- und Fehltage
- Vordruck: Überlastungsanzeige

8.2.4   Evaluation

- Auswertung der Kennzahlen
- Auswertung der Checklisten
- Auswertung der Fragebogen

8.3   Einführung eines systematischen Gesundheitsmanagements

Eine möglichst ganzheitliche Form der Gesundheitsförderung bzw. Gesundheitserhaltung Ihrer Belegschaft erreichen Sie durch die Einführung eines systematischen Gesundheitsmanagements. Hier nehmen Sie einen umfassenden und dem Regelkreis des PDCA-Zyklus folgenden Prozess in Angriff, der allerdings mit einem nicht unerheblichen materiellen und immateriellen Aufwand verbunden ist und somit erst ab einer mittleren Betriebsgröße in Betracht gezogen werden sollte. In jedem Fall sollten Sie vorher genau prüfen, ob Sie

offenes und positives Betriebsklima
mitarbeiterorientierte Führung
Gesundheitsbeauftragte

Rahmen-
bedingun-
gen

Mitarbeiterbefragung, Überlastungsanzeigen, Ampelsystem
Begehung vor Ort
Beurteilung der Arbeitsbedingungen vor Ort

Bestands-
aufnahme

gesunde Pflegekräfte
geringe Fehlzeiten und geringe Fluktuation
geringe Fehlerquote

Ziele

Stressprävention und Förderung des Gesundheitsbewusstseins
Arbeitsorganisation, Ergonomie, Hilfsmittel
Schulung und Qualifizierung der Mitarbeiter, PE-Maßnahmen

Maß-

Kennzahlenbestimmung: Bsp. krankheitsbedingte Fehlzeiten
Kennzahlenkontrolle und Evaluation
ggf. Modifikation

Erfolgs-
Kontrolle

Abb. 8.2 Aufbau eines systematischen Gesundheitsmanagements (Quelle: eigene Darstellung, Datenmaterial: VGB 2012, S. 2 ff.)

über ausreichend finanzielle, zeitliche und personelle Ressourcen verfügen. Wenn Sie dies bejahen können, so stellt das systematische Gesundheitsmanagement ein effektives Instrument dar, um in Ihrem Pflegedienst nachhaltig eine Verbesserung der gesundheitlichen Verfassung der Pflegekräfte zu erzielen. Anhand der folgenden Grafik wird deutlich, wie ein solches Gesundheitsmanagement aufgebaut ist.

8.3.1   Ziel und Maßnahmen

Ziel Ein systematisches Gesundheitsmanagement wird eingeführt bis zum Tag X, um die Arbeitsfähigkeit der Pflegekräfte nachhaltig und langfristig (möglichst bis zum Eintritt ins Rentenalter) zu erhalten sowie eine Senkung der Krankheitsfolgekosten (Lohnfortzahlung etc.) sowie eine Steigerung der Pflegequalität zu erreichen.

Maßnahmen

- Mitarbeiterbefragung (Arbeitsbelastung)
- Krankenstand der letzten 12 Monate erfassen
- Einführung regelmäßiger Mitarbeitergespräche (Fragebogen)

- Einführung gesundheitsbezogenen Fort- und Weiterbildungen (Ernährung, Bewegung)
- Ernennung einer Gesundheitsbeauftragten
- Einführung von Überlastungsanzeigen (Vordrucke)
- Einführung eines Ampel-Frühwarnsystem zur frühzeitigen Erfassung von Überlastung (Vordruck)
- Verteilen der Vordrucke (ggf. mit Gehaltsabrechnung)
- Mitarbeiterschulung zum Frühwarnsystem
- Mitarbeiterschulung zum Work-Life-Balance-Konzept
- Anbieten gesundheitsfördernder Maßnahmen (Rückenschule, Aufmerksamkeits- und Achtsamkeitstraining etc.)
- Anbieten eines Pausenraums und Bereitstellung von Obst und Getränken
- Berücksichtigung von Mitarbeiterinteressen bei der Dienstplangestaltung
- Evaluationsbögen für Schulungs- und Weiterbildungsmaßnahmen erarbeiten
- Leitbildorientierung
- Schaffung eines kollegialen Betriebsklimas (Fragebogen)
- Schaffung einer arbeitnehmerfreundlichen Arbeitsorganisation
- Schaffung einer alternsgerechten Arbeitsorganisation (Fragebogen)
- Individuelle Arbeitszeitregelungen anbieten (familienfreundlich)
- Entwicklung einer Corporate Identity (Fragebogen)

8.3.2   Kennzahlen und Checklisten

Kennzahlen

- Anzahl der Krankheitstage
- Anzahl sonstiger Fehltage
- Anzahl der Mitarbeitergespräche
- Responserate der Fragebogen
- Responserate Ampel-System
- Anzahl der Überlastungsanzeigen
- Anzahl der Teilnehmerinnen an Fort- und Weiterbildungsmaßnahmen
- Anzahl der Teilnehmerinnen an Schulungsmaßnahmen

Checklisten   Erfassen Sie die jeweiligen Kennzahlen in einer entsprechenden Checkliste; als Vorlage können Sie das im Anhang zu diesem Kapitel befindliche Muster verwenden. Dort finden Sie auch die folgend genannten Fragebogen.

8.3.3   Fragebogen

- Fragebogen 1: Arbeitsbelastung
- Fragebogen 2: Hilfsmittel vor Ort

- Fragebogen 3: Mitarbeitergespräche
- Fragebogen 4: Rückmeldung Schulungs- und Weiterbildungsmaßnahmen
- Fragebogen 5: Betriebsklima und Corporate Identity
- Fragebogen 6: alternsgerechte Arbeitsorganisation
- Statistikbogen: Krankheits- und Fehltage
- Vordruck: Überlastungsanzeige

8.3.4 Evaluation

- Auswertung der Kennzahlen
- Auswertung der Checklisten
- Auswertung der Fragebogen

8.4 Zwischenfazit

Eine nachhaltige Verbesserung der Arbeitnehmergesundheit beginnt mit einem veränderten Gesundheitsbewusstsein Ihrer Mitarbeiterinnen. Bereits durch die Planung eines der in diesem Kapitel vorgestellten Projekte erreichen Sie eine Bewusstseinsänderung bzw. eine Bewusstwerdung im Sinne einer Sensibilisierung der Pflegekräfte für die eigene Gesundheit sowie für gesundheitsrelevante Aspekte ihrer Tätigkeit (weiter dazu: Schmidt 2011). Darüber hinaus ergeben sich positive Auswirkungen auf das Arbeits- und Betriebsklima, vor allem im Hinblick auf Kollegialität und wechselseitige Rücksichtnahme und Wertschätzung. Durch die Implementierung einer betrieblichen Gesundheitsförderung oder eines systematischen Gesundheitsmanagements wird die Attraktivität Ihres Pflegedienstes zudem bei Ihrer Belegschaft wie auch bei potenziellen Arbeitsnehmerinnen spürbar zunehmen. Zu guter Letzt wirken Sie dem vorzeitigen Ausstieg älterer Pflegekräfte aus dem Berufsleben entgegen und indem Sie diese Mitarbeiterinnen im Betrieb halten, erhalten Sie auch deren Fachwissen und Erfahrung, was wiederum den jüngeren Kolleginnen zugutekommt und die Pflegequalität Ihres Unternehmens verbessert.

> ▶ Wichtig ist jedoch, dass Sie eine für Ihren Pflegedienst geeignete und praktikable Form der Gesundheitsförderung einführen und dass diese auf einem möglichst breiten Konsens innerhalb Ihrer Belegschaft basiert. Andernfalls könnte es sein, dass Sie entweder ein Projekt ins Leben rufen, das Ihre Kapazitäten übersteigt, oder eines, das an den tatsächlichen Bedürfnissen Ihrer Mitarbeiterinnen vorbeigeht. In beiden Fällen wäre der Schaden sicherlich größer als der Nutzen, denn nach einem misslungen Projekt(start) dürfte es kaum möglich sein, Mitarbeiterinnen für die Teilnahme an einem neuen Projekt mit ähnlicher inhaltlicher Ausrichtung zu begeistern.

8.5   Mustervorlagen

Fragebogen 1: Arbeitsbelastung

Qualifikation:

Alter:

Betriebszugehörigkeit:

Frage	Antwort
Wie hoch schätzen Sie die Arbeitsbelastung in Ihrem Pflegedienst ein?	sehr hoch hoch nicht so hoch gering
Wie hoch schätzen Sie Ihre persönliche Arbeitsbelastung ein?	sehr hoch hoch nicht so hoch gering
Unter welchen Arten von Arbeitsbelastungen leiden Sie?	körperliche Belastung psychische Belastung beides sonstige, und zwar:
Fühlen Sie sich durch Ihre Arbeit überlastet?	ja größtenteils teilweise nein
Sind Sie schon einmal wegen Überlastung krankgeschrieben worden? Wenn ja, wie lange?	ja, und zwar: nein
Leiden Sie aktuell an folgenden Beschwerden:	Rückenschmerzen Kopfschmerzen Niedergeschlagenheit Gereiztheit gastrointestinale Beschwerden Schlafstörungen Gelenkschmerzen dermatologische Beschwerden erhöhte Infektanfälligkeit
Haben Sie in der Vergangenheit an folgenden Beschwerden gelitten:	Rückenschmerzen Kopfschmerzen Niedergeschlagenheit Gereiztheit gastrointestinale Beschwerden Schlafstörungen Gelenkschmerzen dermatologische Beschwerden erhöhte Infektanfälligkeit

Fragebogen 2: Hilfsmittel vor Ort

Alter:

Qualifikation:

Betriebszugehörigkeit:

Frage	Antwort
Ist Ihnen bekannt, dass bei körperlich schwerer Pflegearbeit Hilfsmittel vor Ort eingesetzt werden können (Lifter, Badewannenlift etc.)?	ja nein
Gibt es in Ihrem Kundenstamm Klientinnen, bei denen derartige Hilfsmittel notwendig/sinnvoll sind?	ja nein
Wenn ja, befinden sich funktionstüchtige Hilfsmittel vor Ort?	ja nein
Sind Sie mit deren Handhabung vertraut?	ja größtenteils eher nicht nein
Nutzen Sie die vorhandenen Hilfsmittel bei jedem Einsatz?	ja nein
Falls nein, begründen Sie dies bitte kurz.	
Finden in Ihrem Pflegedienst Einführungen und Fortbildungen zur Anwendung von Hilfsmitteln statt?	ja größtenteils eher nicht nein
Würden Sie gern mehr über Handhabung/ Nutzung von Hilfsmitteln in der ambulanten Pflege erfahren?	ja nein
Falls ja, haben Sie konkrete Vorschläge?	

Fragebogen 3: Mitarbeitergespräche
Qualifikation:
Alter:
Betriebszugehörigkeit:

Frage	Antwort
Finden in Ihrem Pflegedienst regelmäßig Mitarbeitergespräche statt?	ja nein
Fühlen Sie sich bei diesen Gesprächen von Ihren Vorgesetzten ernst genommen?	ja größtenteils teilweise wenig nein
Ist der zeitliche Rahmen dieser Gespräche angemessen?	ja nein
Sind die räumlichen Gegebenheiten angemessen (z.B. ungestört)?	ja nein
Spricht Ihre Vorgesetzte Sie bei dem Gespräch auf Arbeits- bzw. Überbelastung an?	ja meistens teilweise manchmal nein
Werden Ihre Anliegen und Bedürfnisse, die Sie im Rahmen des Gespräches äußern, nachhaltig berücksichtigt?	ja größtenteils teilweise kaum nein
Können Sie im Rahmen dieser Gespräche übermäßige Arbeitsbelastung offen ansprechen?	ja meistens teilweise manchmal nein
Werden Sie von Ihren Vorgesetzten bei Überbelastung entlastet oder unterstützt?	ja größtenteils teilweise wenig nein
Werden die Gespräche protokolliert?	ja nein

Fragebogen 4: Rückmeldung Schulungs- und Weiterbildungsmaßnahmen
Qualifikation:
Alter:
Betriebszugehörigkeit:
Titel der Veranstaltung:
Datum:
Referentin:
Ort:

Frage	Antwort
Wie hat Ihnen die Veranstaltung gefallen?	Sehr gut gut mittelmäßig schlecht sehr schlecht
Haben Sie das Gefühl, etwas gelernt zu haben, dass Sie bei der Arbeit umsetzen können? Wenn ja, was?	
War der zeitliche Rahmen angemessen?	ja nein
War der Veranstaltungsort angemessen?	ja nein
War das Lerntempo angemessen?	ja nein
War der Vortrag verständlich und interessant?	ja nein
Hat die Referentin einen kompetenten Eindruck auf Sie gemacht?	ja nein
Gab es genug Zeit für Fragen Ihrerseits?	ja nein
Haben Sie Anregungen für die Zukunft? Wenn ja, welche?	

Fragebogen 5: Betriebsklima

Qualifikation:

Alter:

Fragen	Antworten
Wie schätzen Sie das Betriebsklima in Ihrem Pflegedienst ein?	sehr gut gut mittelmäßig schlecht sehr schlecht
Gibt es in Ihrem Pflegedienst eine organisierte Mitarbeitervertretung/einen Betriebsrat?	ja nein
Können Sie sich bei Bedarf auf die Unterstützung durch Ihre Kolleginnen verlassen?	immer meistens manchmal selten nie
Können Sie sich bei Bedarf auf die Unterstützung durch Ihre Vorgesetzten verlassen?	immer meistens manchmal selten nie
Werden in Ihrem Pflegedienst die Bedürfnisse und die Interessen der Mitarbeiter berücksichtigt?	ja eher ja eher nein nein
Werden auftretende Konflikte konstruktiv gelöst?	ja eher ja eher nein nein
Wie wird seitens der Vorgesetzten und der Kolleginnen auf Fehler reagiert?	
Können Sie sich bei Überlastung an Ihre Vorgesetzte wenden?	ja eher ja eher nein nein
Besteht in Ihrem Pflegedienst ein gutes Zusammengehörigkeitsgefühl?	ja eher ja eher nein nein
Gibt es in Ihrem Pflegedienst Verfahren zur Erfassung von Arbeitsbelastung bzw. Überlastung, wenn ja, welche?	ja, und zwar: nein
Was könnte Ihrer Ansicht nach verbessert werden?	

Fragebogen 6: Alternsgerechte Arbeitsorganisation
Qualifikation:
Alter:
Betriebszugehörigkeit:

Frage	Antwort
Haben Ihre Vorgesetzten ein Bewusstsein für die besonderen Bedürfnisse älterer Pflegekräfte (50+ Jahre)?	ja größtenteils teilweise wenig nein
Haben Ihre Kolleginnen ein Bewusstsein für die besonderen Bedürfnisse älterer Pflegekräfte (50+ Jahre)?	ja größtenteils teilweise wenig nein
Werden diese Bedürfnisse von Ihren Vorgesetzten bei der Arbeitsorganisation berücksichtigt?	ja nein
Wenn ja, wie sieht dies aus? Welche Regelungen gibt es?	
Werden diese Bedürfnisse von Ihren Kolleginnen berücksichtigt?	ja nein
Wenn ja, in welcher Form?	
Werden Erfahrungen und (Fach-)Wissen der Älteren in Ihrem Pflegedienst ernst genommen?	ja größtenteils teilweise wenig nein
Können ältere Pflegekräfte ihre Erfahrungen und ihr Wissen an jüngere Kolleginnen weitergeben?	ja nein
Wenn ja, in welcher Form?	
Was könnte Ihrer Ansicht nach verbessert werden?	

Protokollvorlage

Art der Sitzung:

Sitzungsort:

Datum:

Nächster Sitzungstermin:

Anwesende		Funktion/Arbeitsbereich
	Frau	
	Frau	
	Herr	
	Herr	
	.	
	.	
	.	
Themen		**Ergebnisse/Beschlüsse**
	TOP 1	
	TOP 2	
	TOP 3	
	.	
	.	
	.	
TOPs	**Bearbeitet von…**	**Erledigt bis…**
Bsp.: Gestaltung Pausenraum	Frau X	Konkretes Datum
	Herrn Y	

Statistikbogen Kranken- und Fehltage

Name	Alter	Qualifikation Einsatzbereich	Familienstand Kinder	Anzahl der Fehltage	Begründung (z.B. krank)

Muster Überlastungsanzeige

Direkte Vorgesetzte:_____

Anzeigende Pflegekraft:_____

zur weiteren Kenntnis an:

_____   _____   _____
(Pflegedienstleitung)   (Geschäftsleitung)   (Betriebsrat/MAV)

Sehr geehrte (r) Frau/Herr….,

hiermit zeige ich die nachfolgend beschriebene Überlastung in meiner Tätigkeit an:

Die Überlastung wurde verursacht durch:

o ungeplanten Personalausfall
o Urlaub von Personal
o einen akuten Notfall
o erhöhten Arbeitsanfall
o erschwerte Witterungs- und/oder Verkehrsbedingungen

Ich weise darauf hin, dass mögliche Fehler oder Mängel in meiner Tätigkeit aus der oben beschriebenen Überlastung resultieren und nicht von mir zu verantworten sind. Somit weise ich vorsorglich eventuelle Ansprüche auf Regress von Seiten Dritter wie auch arbeits- bzw. dienstrechtliche Sanktionsmaßnahmen zurück. Ich weise zudem darauf hin, dass ich im Falle weiter anhaltender Überlastung auch zukünftig Fehler bei der Erbringung meiner Arbeitsleistung nicht ausschließen kann.

_____   _____
Ort, Datum   Unterschrift

Muster Checkliste Kennzahlenprüfung Projektname/Projektgruppe

Kennzahl	Ist-Zustand am.......2013	Ergebnis nach Projektabschluss	Datum	Handzeichen

Literatur

Deutscher Berufsverband für Pflegeberufe (Hrsg.). (2010). *Balance halten im Pflegealltag. Was Sie selbst tun können, um bei Ihrer Arbeit im Krankenhaus gesund zu bleiben.* Paderborn: Bonifatius Verlag.

Kromark, K., & Ostendorf, P. (2011). Arbeitsanforderungen im Pflegeberuf – Ergebnisse empirischer Studien im Überblick. In H. Loebe, & E. Severing (Hrsg.), *Zukunftsfähig im demografischen Wandel. Herausforderung für die Pflegewirtschaft* (S. 27–37). Bielefeld: Verlag W. Bertelsmann.

Schmidt, S. (2011). Arbeitsfähigkeit bei Pflegenden in Altenpflegeeinrichtungen – erste Ergebnisse der 3Q-Studie. http://www.3q.uni-wuppertal.de/index.php?Zeitschriftenartikel. Zugegriffen: 29. September 2011.

Tewes, R. (2011). *Führungskompetenz ist lernbar. Praxiswissen für Führungskräfte in Gesundheitsberufen.* Berlin, Heidelberg: Springer Verlag.

VBG – Ihre Unfallversicherung. (2012). GMS – Gesundheit mit System. Sieben Schritte des GMS. http://www.vbg.de/apl/zh/bgi5132/4.htm. Zugegriffen: 10. Februar 2012.

Zusammenfassung und Ausblick

9

Das vorliegende Buch wurde mit der Absicht verfasst, Sie mit der Vielschichtigkeit der zukünftig auf Sie zukommenden Probleme vertraut zu machen und Ihnen die Instrumente und Gestaltungansätze eines demografiefesten Personalmanagements näher zu bringen. Diese beziehen sich im Wesentlichen auf die Bereiche Bindung und Rekrutierung von (Fach-)Personal, Weiterbildung und Wissensmanagement, Öffentlichkeitsarbeit und Imagepflege, Führung, Betriebsanalysen und arbeitnehmerfreundliche Arbeitsgestaltung sowie Gesundheitsförderung und Gesundheitsmanagement, wobei zwischen diesen wechselseitige Beziehungen und Abhängigkeiten bestehen und ein enger Zusammenhang zu einem professionellen Qualitätsmanagement vorliegt. In diesem letzten Kapitel werden Ihnen nun zunächst eine Zusammenfassung und daran anschließend einen Ausblick auf zukünftige Entwicklungen bzw. Entwicklungsmöglichkeiten der ambulanten Pflege präsentiert.

9.1 Zusammenfassung

Um in Zukunft einen eklatanten Fachkräftemangel in der ambulanten Pflege zu vermeiden, sind gesundheitspolitische Anstrengungen zur Verbesserung der Arbeitsbedingungen in der Altenpflege wie auch zur Entwicklung eines positiven Images des Altenpflegeberufs notwendig. Dennoch dürfen Sie sich als Führungskraft eines ambulanten Pflegedienstes nicht darauf verlassen, dass Politik, Interessenverbände oder Träger die anstehenden Probleme schon irgendwie lösen werden. Vielmehr sollten Sie selbst initiativ werden und sich aktiv in die bestehenden lokalen bzw. regionalen Aktivitäten und sozialen Netzwerke, wie beispielsweise Pflegestützpunkte, einbinden. Darüber hinaus können Sie Kontakte zu Schulen knüpfen und das Interesse junger Menschen für den Altenpflegeberuf durch Informationsveranstaltungen und das Angebot von Praktika oder der Möglichkeit in Ihrem Pflegedienst ein „Freiwilliges Soziales Jahr" zu absolvieren und der Bereitstellung von Ausbildungsplätzen wecken. Außerdem können Sie im ambulanten Bereich Schüler- und

H. Ulatowski, *Zukunftsorientiertes Personalmanagement in der ambulanten (Alten-)Pflege*,
DOI 10.1007/978-3-658-01276-2_9, © Springer Fachmedien Wiesbaden 2013

Abb. 9.1 Führung als
zentraler Aspekt des Personalmanagements (Quelle: eigene
Darstellung, Datenmaterial:
Kap. 4)

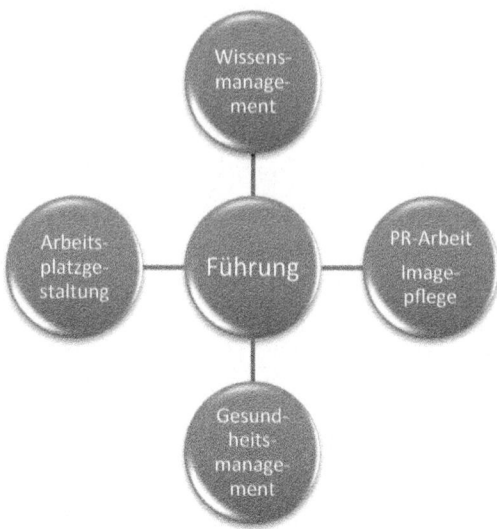

Studentenjobs für hauswirtschaftliche Tätigkeiten und psychosoziale Betreuung anbieten.
Um eben auch junge Menschen zu erreichen, ist überdies eine möglichst professionelle
Internetpräsenz von erheblicher Bedeutung. Durch eine familienfreundliche und alternsgerechte Arbeitsplatzgestaltung können Sie zudem Quereinsteigerinnen und Wiedereinsteigerinnen, unter Umständen in Kooperation mit den zuständigen Arbeitsagenturen, für
die ambulante Pflege gewinnen.

▶   Es lässt sich allerdings feststellen, dass der Bereich „Führung" hier einen zentra-
    len Stellenwert einnimmt, da alle übrigen Instrumente von der Führung initiiert,
    implementiert, gestaltet und kontrolliert werden. Es kommt also auf Sie an!

Als Führungskräfte in der ambulanten Pflege kommt Ihnen somit die Rolle der zen-
tralen Initiatorin, Multiplikatorin und Katalysatorin auf allen betriebsrelevanten Ebenen
zu (siehe Abb. 9.1). Um diese Rolle entsprechend kompetent ausfüllen zu können, ist es
notwendig, dass auch Sie sich durch kontinuierliche und systematische Schulungen mit
den erforderlichen fachlichen, sozialen, kommunikativen, moralischen und organisatorischen Kompetenzen ausrüsten. Eine leitbildorientierte Führung setzt überdies voraus, dass
Sie zunächst gemeinsam mit Ihrem Leitungsteam und unter Berücksichtigung der Wünsche und Vorstellungen Ihrer Mitarbeiterinnen festlegen, welchem Leitbild und welchem
Selbstverständnis Organisation und Leistungserbringung folgen sollen.
    Durch eine zukunftsorientierte Analyse der Altersstruktur Ihrer Beschäftigten können
Sie gegenwärtige und zukünftige personalpolitische Herausforderungen erkennen und entsprechende Maßnahmen einleiten. Neben einer altersgerechten Arbeitsplatzgestaltung
und Arbeitsorganisation ist es ratsam, dass Sie in Ihrem Pflegedienst eine betriebliche Gesundheitsförderung oder, sofern es die Betriebsgröße zulässt, ein systematisches Gesund-

heitsmanagement einführen. So können Sie ein vorzeitiges Ausscheiden Ihrer Pflegekräfte aus dem Beruf aufgrund von dauerhafter Überlastung und gesundheitlicher Schädigung verhindern. Für die ambulante Altenpflege bedeutet dies auch die Notwendigkeit einer verstärkten Rekrutierung jüngerer Pflegekräfte, um perspektivisch einer Überalterung der Belegschaft vorzubeugen.

Die Belastungen ambulant Pflegender lassen sich differenzieren nach psychischen und physischen Belastungen und nach erschwerenden Rahmenbedingungen.

> Zur Erfassung (...) belastender Arbeitsbedingungen haben sich zwei theoretische Modelle empirisch behauptet. Das Anforderungs-Kontroll-Modell nach Karasek & Theorell (1990) prognostiziert eine hohe (...) Belastung, wenn hohe Anforderungen (z. B. Komplexität der Aufgaben, Verantwortung) in Verbindung mit geringem Einfluss/Kontrolle (u. a. Entschei-dungsspielraum bezüglich der Tätigkeiten und Tätigkeitsabläufe) auftreten. Das Modell be-ruflicher Gratifikationskrisen nach Siegrist (2002) postuliert, dass ein Ungleichgewicht zwi-schen beruflicher „Verausgabung" und als Gegenwert erhaltener Belohnung zu Stressreaktio-nen führt. Dabei ist mit „Belohnung" Gehalt, menschliche Wertschätzung, beruflicher Sta-tus, Aufstiegschancen, Arbeitsplatzsicherheit und eine ausbildungsadäquate Beschäftigung gemeint (BPtK 2010, S. 16).

In der ambulanten Altenpflege lassen sich sowohl eine hohe Verantwortung bei gleich-zeitig geringen Einflussmöglichkeiten wie auch eine Diskrepanz zwischen beruflicher An-forderung und materiellen und immateriellen Belohnungsmöglichkeiten beobachten.

> ▶ **Tipp** Hier haben Sie die Möglichkeit, durch eine mitarbeiterorientierte Füh-rung, eine angemessene Bezahlung und ein möglichst hohes Maß an Mitbe-stimmung Ihrer Belegschaft gleichsam an den Stellschrauben „Belohnung" bzw. „Einfluss/Kontrolle" zu drehen.

Das Personalmanagement ambulanter Pflegedienste hat den besonderen Gegebenhei-ten der häuslichen Pflege Rechnung zu tragen. Die hauptsächlichen Belastungen Ihrer Pfle-gekräfte werden durch äußere Bedingungen, etwa Wetterverhältnisse, Straßenverkehr und Ausstattung der Kundenwohnung, sowie durch den immensen Zeitdruck, die hohe Ver-antwortung und die tendenzielle Isolation, da die Pflegenden sich während der Arbeit vor Ort kaum mit Kolleginnen und/oder Vorgesetzten austauschen können, verursacht. Um dem entgegen zu wirken, sollten Sie versuchen, professionelle Managementsysteme mit entsprechender personeller Ausstattung für die Bereiche Wissen und generationsübergrei-fender Wissenstransfer, Information und Kommunikation, Gesundheit, Partizipation, Ver-netzung und Kooperation, Public Relations und Human Resources aufzubauen und mit der Ausrichtung auf kontinuierliche Weiterentwicklung und Verbesserung in ein TQM-System zu integrieren. Allerdings alles in Maßen und mit Augenmaß!

> ▶ Grundsätzlich gilt, dass Sie nur das in Gang setzen sollten, was Sie ohne un-zumutbare finanzielle, personelle und zeitliche Belastungen auch langfristig in Gang halten können.

Hinsichtlich der physischen Belastung ist festzustellen, dass einer aktuellen Studie der Fachhochschule Münster über die Zufriedenheit von Pflegenden in ihrem beruflichen Alltag zufolge 60 % aller Altenpflegekräfte die Befürchtung hegen, ihre Arbeit ab einem Alter von 55 Jahren körperlich nicht mehr bewältigen können; zudem beschreiben 50 % der Altenpflegekräfte ihren Arbeitsalltag als physisch belastend und erschöpfend (vgl. Buxel 2011, S. 10).

▸   **Tipp** Physische Belastungen lassen sich teilweise durch Ergonomie ausgleichen, worunter die „Schaffung geeigneter Arbeitsbedingungen und menschengerechter Gestaltung der Arbeitsplätze" zu verstehen ist, um so eine „effiziente und fehlerfreie Arbeitsausführung" sowie die Vermeidung „gesundheitlicher Schäden auch bei langfristiger Ausübung der Tätigkeit" zu gewährleisten (Frodl 2011, S. 106).

Doch auch wenn Ihre Gestaltungsmöglichkeiten als Führungskraft in der ambulanten Pflege zum Teil begrenzt sind, sollten Sie alle möglichen Handlungs- und Gestaltungsräume kreativ nutzen, um den jeweiligen Anforderungen Ihres Pflegedienstes und den Bedürfnissen Ihrer Belegschaft entsprechende Maßnahmen zu entwickeln und umzusetzen, die eine langfristige Bindung der vorhandenen Pflegekräfte an den Betrieb wie auch eine bedarfsgerechte Rekrutierung neuer Mitarbeiterinnen ermöglichen. Hier schlägt bereits die Initiierung einzelner Projektvorhaben positiv zu Buche, spricht doch schon die Projektarbeit in Ihrem Pflegedienst per se für ein gewisses Maß an Problembewusstsein und Mitarbeiterorientierung. Außerdem bringt die Mitarbeit an einem Projekt für die Pflegekräfte nicht nur die Erweiterung des persönlichen Wissens- und Erfahrungshorizonts mit sich, sondern sie bedeutet obendrein einen Bedeutungszuwachs durch eine erhöhte Einflussnahme und die Partizipation an Leitungsaufgaben und Entscheidungen.

Darüber hinaus können die Pflegenden durch spezielle Schulungsmaßnahmen im Sinne eines Empowerments in die Lage versetzt werden, ihre eigenen Fähigkeiten des Selbstmanagements zu entdecken, zu entwickeln und zu stärken, um ihre persönliche Work-Life-Balance zu erhalten. Die Mitarbeiterinnen sind hinsichtlich ihrer persönlichen Belastung und der Wahrnehmung ihrer Belastbarkeit zu sensibilisieren. Angestrebt wird die Fähigkeit zu einem möglichst tragfähigen Selbstmanagement seitens der Pflegenden, um diese zu befähigen, selbst Fehl- und Überbelastungen bereits im Vorfeld erkennen, entgegenzuwirken und verhindern zu können (vgl. Tewes 2011, S. 22–23).

Beispiel

Im Sinne eines Empowerments Ihrer Pflegekräfte können Sie neben Schulungen zu Techniken der Selbstwahrnehmung vor allem auch zu einer positiven Selbstwirksamkeit Ihrer Mitarbeiterinnen beitragen, indem Sie ein innerbetriebliches Vorschlagswesen einführen und die eingehenden Vorschläge der Pflegekräfte gewissenhaft und zeitnah bearbeiten. Nehmen Sie unmittelbar Kontakt zu der betreffenden Mitarbeiterin auf und teilen Sie ihr mit, den Vorschlag erhalten zu haben und so schnell wie möglich zu prüfen.

Lassen Sie die Mitarbeiterin soweit wie möglich an der Prüfung bzw. Bearbeitung ihres Vorschlags teilhaben; machen Sie Entscheidungen und Konsequenzen transparent. Denn es wäre fatal, eine engagierte Pflegekraft einfach „ins Leere laufen zu lassen".

Gerade wenn Sie einen kleinen, privaten Pflegedienst führen, dürften sich jedoch bei der Umsetzung vieler Maßnahmen aufgrund des eher geringen Kapital- und Personalreservoirs finanzielle und organisatorische Probleme ergeben, die Sie am ehesten durch Kooperation mit anderen Einrichtungen sowie durch Vernetzung mit anderen sozialen Dienstleistern kompensieren können.

Beispiel

So wäre es zum Beispiel denkbar, dass Sie etwa in Kooperation mit anderen Pflegediensten gemeinsam Kontingente bei Kinderläden oder Kinderhotels erwerben oder gemeinsam eine Tagesmutter/einen Tagesvater engagieren, um die Kinderbetreuung auch während der Abend- und Wochenenddienste und der Schulferien gewährleisten zu können. Um gerade bei Eltern von Kleinkindern hohe Fehlzeiten wegen Krankheit des Kindes zu vermeiden, wäre die Zusammenarbeit mit Vereinen wie dem „Oma-Opa-Hilfsdienst" (weiter dazu unter www.oma-opa-hilfdsdienst.de) denkbar, sodass die Betreuung des kranken Kindes zuhause gegen ein geringes Entgelt erfolgt, während die Eltern weiterhin ihrer Erwerbstätigkeit nachgehen können. Eine Kooperation mit anderen Pflegediensten ließe sich, um ein weiteres Beispiel zu nennen, auch in dem Bereich der Mitarbeitergesundheit anwenden: Sie können mit anderen Pflegediensten Verträge mit Sportvereinen oder Fitness-Studios zu Sonderkonditionen vereinbaren, möglicherweise in Zusammenarbeit mit den Krankenkassen, oder gemeinsam freiberuflich tätige Entspannungstrainer oder Physiotherapeutinnen für Ihre Pflegekräfte engagieren.

9.2 Ausblick

Dem Sprichwort: „Wer heute den Kopf in den Sand steckt, knirscht morgen mit den Zähnen" folgend, sollten Sie sich den Herausforderungen, vor denen die ambulante Pflege in Deutschland steht, offensiv stellen. Hinzu kommt, dass das Gesundheitswesen in unserem Land vor gravierenden Veränderungen steht – stehen muss, da es so bekanntlich nicht mehr lange finanzierbar sein wird. Das bisherige arztzentrierte und defizitorientierte System ist schlichtweg zu teuer, zu ineffizient, zu ungerecht und liefert dabei alles andere als optimale Ergebnisse. Die Karten werden gleichsam neu gemischt und es ist für die Pflege in Deutschland entscheidend, dass sie darin ihre Chance erkennt, als vermeintlicher „medizinischer Hilfsberuf" aus dem Schatten anderer Professionen endgültig heraustreten zu können. Das gesundheitspolitische Umdenken hat bereits begonnen und die zukünftige Gestaltung unseres Gesundheitssystems wird zunehmend auf Prävention und Erhaltung bzw. Ausbau von Ressourcen, Edukation und Salutogenese sowie Vernetzung und Kooperation der Leistungsanbieter abstellen. **All dies sind klassische Domänen der Pflege, die**

von den Führungskräften in der Pflege auch als solche erkannt und besetzt werden sollten!

Es ist davon auszugehen, dass die Zahl der pflegebedürftigen Menschen in den nächsten Jahren und Jahrzehnten deutlich ansteigen wird. Dementsprechend wird sich der Bedarf an Pflegekräften signifikant erhöhen. Kann dieser Bedarf nicht mehr ausschließlich durch einheimisches Personal gedeckt werden, sind Überlegungen zum Anwerben ausländischer Pflegekräfte, zum Beispiel aus Portugal oder Spanien, anzustellen (weiter dazu: Der Spiegel 13/2012, S. 82–83). Allerdings werden Sie auch diese Mitarbeiterinnen langfristig nur durch ein mitarbeiterorientiertes Personalmanagement in Ihrem Betrieb halten können. Bei anhaltend schlechten Arbeitsbedingungen ist zu befürchten, dass ausländische Pflegekräfte nach kurzem Aufenthalt in der Bundesrepublik Deutschland in für Pflegende attraktivere Länder abwandern – etwa nach Skandinavien.

Dem Grundsatz „ambulant vor stationär" folgend wird vor allem im ambulanten Bereich mit einer spürbaren Zunahme an Klienten zu rechnen sein. Die Einführung fallbezogener Entgeltsysteme, den DRG-Fallpauschalen, wird weiterhin dazu führen, dass Patienten schneller aus den Klinken entlassen und somit in deutlich schlechterem bzw. pflegeintensiveren Zustand zuhause gepflegt werden müssen. Daher werden ambulant tätige Pflegende vor neue Aufgaben gestellt, die ein hohes Maß an Fachwissen und die ständige Bereitschaft zur Weiterbildung erfordern. Diese Entwicklung impliziert auch einen Bedeutungszuwachs der ambulanten Pflege und bringt neue Chancen und Perspektiven für die hier tätigen Pflegekräfte mit sich. Pflegefachkräfte werden zunehmend zu Expertinnen, die spezielle Aufgaben wahrnehmen: In der pflegerischen Versorgung – zum Beispiel im Wund- oder Beatmungsmanagement, in der Beratung – beispielsweise bei Pflegestützpunkten, in der Vernetzung und Organisation von Versorgung und Leistungsanbietern – etwa in Form von Budget Assistenz oder Case Management, oder in den Bereichen Edukation und Schulung – sei es als Stoma-Therapeutin oder als Anbieterin von Pflegekursen für Angehörige.

Diese neuen Herausforderungen und Tätigkeitsfelder für Pflegekräfte können Sie als Führungskraft in der ambulanten Pflege durch Informationsveranstaltungen, Messeteilnahmen, Internet-Auftritte oder „Tage der offenen Tür" entsprechend öffentlichkeitswirksam kommunizieren, damit gerade auch bei jungen Menschen bestehende Vorurteile den Pflegeberufen gegenüber ausgeräumt werden können. Es sind zudem spezielle Profile zu entwickeln, mit denen vermehrt (junge) Männer für den Pflegeberuf gewonnen werden können. Hier gilt es, verschiedene Karriereperspektiven zu schaffen, nicht nur im Sinne einer Akademisierung der Pflege. Zeigen Sie auch jungen Leuten mit bis dato geringerem schulischen Erfolg berufliche Entwicklungschancen auf, etwa von der Ausbildung zur Gesundheits- und Pflegeassistenz (GPA) über die Ausbildung/Weiterqualifizierung zur dreijährig examinierten Pflegefachkraft mit vielfältigen Weiterqualifizierungsmöglichkeiten bis hin zur Aufnahme eines pflege- oder gesundheitswissenschaftlichen Fachhochschulstudiums. Generell sollten Sie auch Arbeitssuchende, die bislang auf dem Arbeitsmarkt nicht so große Chancen gehabt haben, als zusätzliches Rekrutierungspotenzial ansehen.

In diesem Kontext möchte ich zum Abschluss beispielhaft auf zwei zukunftsweisende Projekte hinweisen. Zum einen das Modellprojekt „AjuMA", das für Ausbildung junger Männer in der Altenpflegehilfe steht. Hier werden junge Männer mit Hauptschulabschluss und Migrationshintergrund zu einjährig examinierten GPA ausgebildet und somit für die professionelle Altenpflege qualifiziert. „Das Projekt initiiert einen Ausbildungsverbund zwischen Projektträger (GOAB), ca. 10–15 Ausbildungsbetrieben der Altenpflege und renommierten Pflegeschulen." (http://www.goab.info/index.php?id=555. Zugegriffen: 02. Februar 2013).

Zum anderen ein Projekt des Hamburger Dienstleistungsunternehmens „einfal – Ideen für Hamburg!", das sich speziell an Alleinerziehende richtet. Diesen wird in Kooperation mit dem „team.hamburg" des Jobcenters in Teilzeitkursen eine Ausbildung zur GPA angeboten, um ihnen einen Wiedereinstieg in das Erwerbsleben zu ermöglichen. Vor dem Hintergrund, dass zukünftig immer mehr Menschen mit Migrationshintergrund Pflege benötigen werden, zielt dieses Projekt auf den Bereich der interkulturellen Pflege ab: „Das besondere an unserer Ausbildung ist die interkulturelle Ausrichtung. Damit lernen Sie als Teilnehmer den Umgang mit unterschiedlichen Kulturen, wie heute in der Pflege notwendig." (http://www.einfal.de/wir-ueber-uns/news-archiv/?tx_ttnews[tt_news]=849&cHash=66a30ff1ff.e91c379243d4992f18f750. Zugegriffen: 02. Februar 2013)

Für Sie als Leiterin eines Pflegedienstes oder als verantwortliche Führungskraft in der ambulanten Pflege ergeben sich nun in der Gesamtschau für die Zukunft folgende (mögliche) Aussichten:

- gesicherte Auftragslage dank des demografischen Wandels
- verbreitertes Aufgabenspektrum dank des berufspolitischen Wandels (Stichworte: Akademisierung, Spezialisierung, Case Management, Budgetassistenz, Angehörigen-Schulung und Patientenedukation)
- zunehmende gesellschaftliche Bedeutung dank des gesundheitspolitischen Wandels

---

Zusammenfassung

Somit sind Zukunftsängste nicht unbedingt angebracht. Aus personalpolitischer Sicht bedeutet dies, dass Sie zwar einerseits ein möglichst hohes Maß an Mitarbeiterorientierung verinnerlichen und praktizieren müssen, um wirtschaftlich erfolgreich zu sein, andererseits können Sie Ihren Pflegekräften eine breite Palette an beruflichen Perspektiven und Fort- bzw. Weiterbildungsoptionen sowie einen krisensicheren Arbeitsplatz in einer zukunftsorientierten Wachstumsbranche bieten.

Literatur

Berufsgenossenschaft für Gesundheitsdienst und Wohlfahrtspflege (2009). bgw-Themen: Älter werden im Pflegeberuf. Fit und motiviert bis zur Rente – eine Handlungshilfe für Unternehmen. http//:www.bgw-online.de/internet/generator/Inhalt/OnlineInhalt/Medientypen/bgw_20themen/TP-AAg-11U-Aelter-werden-im-Pflegeberuf.html. Zugegriffen: 22. Mai 2011.

Der Spiegel. (2012). Arbeitsmarkt. Sehnsucht nach Schwaben: Die Krisenländer Südeuropas haben derzeit einen Exportschlager: ihre Arbeitskräfte. *Der Spiegel, 13*, 82–83.

Einfal – Ideen für Hamburg 2013, Modellprojekt interkulturelle GPA-Ausbildung. (http://www.einfal.de/wir-ueber-uns/news-archiv/?tx_ttnews[tt_news]=849&cHash=66a30ff1ff.e91c379243d4992f18f750. Zugegriffen: 02. Februar 2013.

Förschler, H.-L. (2007). Strategische Neupositionierung sozialwirtschaftlicher Unternehmen der Freien Wohlfahrtspflege in Deutschland. Ansätze einer speziellen Unternehmenstheorie zwischen Marktwirtschaft und Gemeinwohlorientierung. http://www.zhb-flensburg.de/dissert/foerschler/Dissertation%20von%20Hanns-Lothar%20F%C3%B6rschler.pdf. Zugegriffen: 23. März 2012.

Gemeinnützige Offenbacher Ausbildungs- und Beschäftigungsgesellschaft mbH (GOAB). (2012). http://www.goab.info/index.php?id=555. Zugegriffen: 02. Februar 2013.

Schmidt, S. G., Dichter, M., Müller, B. H., & Hasselhorn, H. M. (2010). 3-Q-Studie. „Und es gibt sie …“ Woran erkennen Pflegende attraktive Einrichtungen in der stationären Altenpflege? *Die Schwester/Der Pfleger, 02*, 60–62.

The manufacturer's authorised representative in the EU is Springer
Nature Customer Service Centre GmbH, Europaplatz 3, 69115 Heidelberg,
Germany. If you have any concerns regarding our products, please
contact ProductSafety@springernature.com

Printed and bound by CPI Group (UK) Ltd, Croydon, CR0 4YY

27/04/2026

02097663-0011